AF348664

LES
FLEURS DU MAL

AMBROISE VOLLARD, ÉDITEUR

6, Rue Laffitte, 6

IMPRIMERIE NATIONALE

PARIS

1916

LES FLEURS DU MAL

LES FLEURS DU MAL

PAR

CHARLES BAUDELAIRE

ILLUSTRATIONS   SUR BOIS

DESSINÉES   PAR ÉMILE

ET GRAVÉES   BERNARD

SECONDE PARTIE

AMBROISE VOLLARD, ÉDITEUR
6, Rue Laffitte, 6

IMPRIMERIE NATIONALE
PARIS
1916

SECONDE PARTIE

TABLEAUX PARISIENS

CVIII

PAYSAGE.

Je veux, pour composer chastement mes églogues,
Coucher auprès du ciel, comme les astrologues,
Et, voisin des clochers, écouter en rêvant
Leurs hymnes solennels emportés par le vent.

Les deux mains au menton, du haut de ma mansarde,
Je verrai l'atelier qui chante & qui bavarde;
Les tuyaux, les clochers, ces mâts de la cité,
Et les grands ciels qui font rêver d'éternité.

Il est doux, à travers les brumes, de voir naître
L'étoile dans l'azur, la lampe à la fenêtre,
Les fleuves de charbon monter au firmament
Et la lune verser son pâle enchantement.
Je verrai les printemps, les étés, les automnes;
Et quand viendra l'hiver aux neiges monotones,
Je fermerai partout portières & volets
Pour bâtir dans la nuit mes féeriques palais.

Alors je rêverai des horizons bleuâtres,
Des jardins, des jets d'eau pleurant dans les albâtres,
Des baisers, des oiseaux chantant soir & matin,
Et tout ce que l'Idylle a de plus enfantin.
L'Émeute, tempétant vainement à ma vitre,
Ne fera pas lever mon front de mon pupitre;

Car je serai plongé dans cette volupté
D'évoquer le Printemps avec ma volonté,
De tirer un soleil de mon cœur & de faire
De mes pensers brûlants une tiède atmosphère.

CIX

LE SOLEIL.

Le long du vieux faubourg, où pendent aux masures
Les persiennes, abri des secrètes luxures,
Quand le soleil cruel frappe à traits redoublés
Sur la ville & les champs, sur les toits & les blés,
Je vais m'exercer seul à ma fantasque escrime,
Flairant dans tous les coins les hasards de la rime,
Trébuchant sur les mots comme sur les pavés,
Heurtant parfois des vers depuis longtemps rêvés.

Ce père nourricier, ennemi des chloroses,
Éveille dans les champs les vers comme les roses;
Il fait s'évaporer les soucis vers le ciel,
Et remplit les cerveaux & les ruches de miel.
C'est lui qui rajeunit les porteurs de béquilles
Et les rend gais & doux comme des jeunes filles,
Et commande aux moißons de croître & de mûrir
Dans le cœur immortel qui toujours veut fleurir!

Quand, ainsi qu'un poëte, il descend dans les villes,
Il ennoblit le sort des choses les plus viles,
Et s'introduit en roi, sans bruit & sans valets,
Dans tous les hôpitaux & dans tous les palais.

CX

LOLA DE VALENCE.

INSCRIPTION POUR LE TABLEAU D'EDOUARD MANET.

Entre tant de beautés que partout on peut voir,
Je comprends bien, amis, que le désir balance;
Mais on voit scintiller en Lola de Valence
Le charme inattendu d'un bijou rose & noir.

322

CXI

LA LUNE OFFENSÉE.

O Lune qu'adoraient discrètement nos pères,
Du haut des pays bleus où, radieux sérail,
Les astres vont te suivre en pimpant attirail,
Ma vieille Cynthia, lampe de nos repaires,

Vois-tu les amoureux sur leurs grabats prospères,
De leur bouche en dormant montrer le frais émail?
Le poëte buter du front sur son travail?
Ou sous les gazons secs s'accoupler les vipères?

325

Sous ton domino jaune, & d'un pied clandestin,
Vas-tu, comme jadis, du soir jusqu'au matin,
Baiser d'Endymion les grâces surannées?

— «Je vois ta mère, enfant de ce siècle appauvri,
Qui vers son miroir penche un lourd amas d'années,
Et plâtre artistement le sein qui t'a nourri!»

CXII

A UNE MENDIANTE ROUSSE.

Blanche fille aux cheveux roux,
Dont la robe par ses trous
Laiße voir la pauvreté
        Et la beauté,

Pour moi, poëte chétif,
Ton jeune corps maladif,
Plein de taches de rouſſeur,
     A sa douceur.

Tu portes plus galamment
Qu'une reine de roman
Ses cothurnes de velours
     Tes sabots lourds.

Au lieu d'un haillon trop court,
Qu'un superbe habit de cour
Traîne à plis bruyants & longs
     Sur tes talons;

En place de bas troués,
Que pour les yeux des roués
Sur ta jambe un poignard d'or
     Reluise encor;

Que des nœuds mal attachés
Dévoilent pour nos péchés
Tes deux beaux seins, radieux
          Comme des yeux ;

Que pour te déshabiller
Tes bras se faßent prier
Et chaßent à coups mutins
          Les doigts lutins,

Perles de la plus belle eau,
Sonnets de maître Belleau
Par tes galants mis aux fers
          Sans ceße offerts.

Valetaille de rimeurs
Te dédiant leurs primeurs
Et contemplant ton soulier
          Sous l'escalier,

Maint page épris du hasard,
Maint seigneur & maint Ronsard
Épieraient pour le déduit
        Ton frais réduit!

Tu compterais dans tes lits
Plus de baisers que de lys
Et rangerais sous tes lois
        Plus d'un Valois!

— Cependant tu vas gueusant
Quelque vieux débris gisant
Au seuil de quelque Véfour
        De carrefour;

Tu vas lorgnant en deſſous
Des bijoux de vingt-neuf sous
Dont je ne puis, oh! pardon!
        Te faire don.

Va donc, sans autre ornement,
Parfum, perles, diamant,
Que ta maigre nudité,
   O ma beauté!

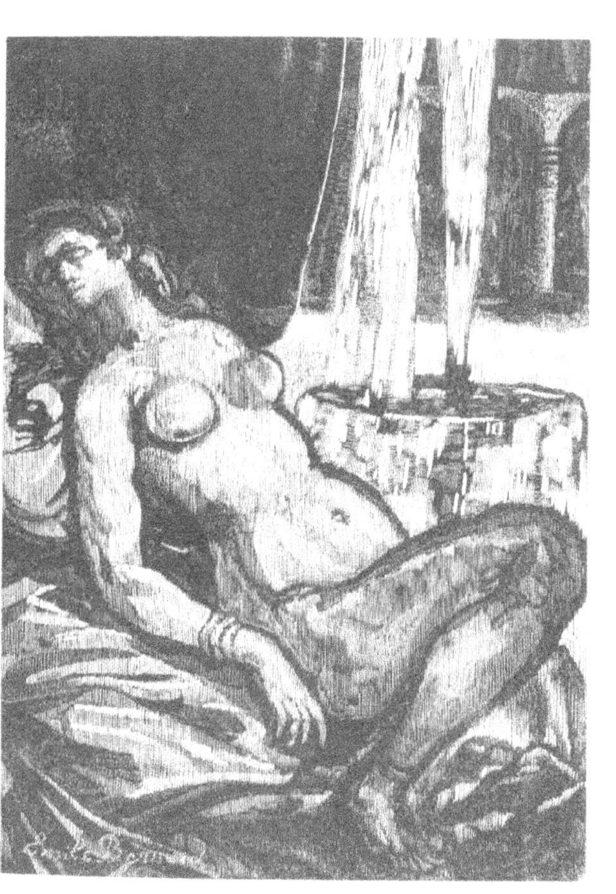

C. X III

LE CYGNE.

À VICTOR HUGO.

I

Andromaque, je pense à vous! — Ce petit fleuve,
Pauvre & triste miroir où jadis resplendit
L'immense majesté de vos douleurs de veuve,
Ce Simoïs menteur qui par vos pleurs grandit,

335

A fécondé soudain ma mémoire fertile,
Comme je traversais le nouveau Carrousel.
— Le vieux Paris n'est plus (la forme d'une ville
Change plus vite, hélas! que le cœur d'un mortel);

Je ne vois qu'en esprit tout ce camp de baraques,
Ces tas de chapiteaux ébauchés & de fûts,
Les herbes, les gros blocs verdis par l'eau des flaques,
Et, brillant aux carreaux, le bric-à-brac confus.

Là s'étalait jadis une ménagerie;
Là je vis un matin, à l'heure où sous les cieux
Clairs & froids le Travail s'éveille, où la voirie
Pousse un sombre ouragan dans l'air silencieux,

Un cygne qui s'était évadé de sa cage,
Et, de ses pieds palmés frottant le pavé sec,
Sur le sol raboteux traînait son blanc plumage.
Près d'un ruisseau sans eau la bête ouvrant le bec

Baignait nerveusement ses ailes dans la poudre,
Et disait, le cœur plein de son beau lac natal :
« Eau, quand donc pleuvras-tu ? quand tonneras-tu, foudre ? »
Je vois ce malheureux, mythe étrange & fatal,

Vers le ciel quelquefois, comme l'homme d'Ovide,
Vers le ciel ironique & cruellement bleu,
Sur son cou convulsif tendant sa tête avide,
Comme s'il adreßait des reproches à Dieu !

II

Paris change, mais rien dans ma mélancolie
N'a bougé ! palais neufs, échafaudages, blocs,
Vieux faubourgs, tout pour moi devient allégorie,
Et mes chers souvenirs sont plus lourds que des rocs.

Aussi devant ce Louvre une image m'opprime :
Je pense à mon grand cygne, avec ses gestes fous,
Comme les exilés, ridicule & sublime,
Et rongé d'un désir sans trêve! & puis à vous,

Andromaque, des bras d'un grand époux tombée,
Vil bétail, sous la main du superbe Pyrrhus,
Auprès d'un tombeau vide en extase courbée;
Veuve d'Hector, hélas! & femme d'Hélénus!

Je pense à la négresse, amaigrie & phthisique,
Piétinant dans la boue, & cherchant, l'œil hagard,
Les cocotiers absents de la superbe Afrique
Derrière la muraille immense du brouillard;

A quiconque a perdu ce qui ne se retrouve
Jamais! jamais! à ceux qui s'abreuvent de pleurs
Et tettent la Douleur comme une bonne louve!
Aux maigres orphelins séchant comme des fleurs!

Ainsi dans la forêt où mon esprit s'exile
Un vieux Souvenir sonne à plein souffle du cor!
Je pense aux matelots oubliés dans une île,
Aux captifs, aux vaincus!... à bien d'autres encor!

CXIV

LES SEPT VIEILLARDS.

Fourmillante cité, cité pleine de rêves,
Où le spectre en plein jour raccroche le paßant!
Les myſteres partout coulent comme des sèves
Dans les canaux étroits du coloße puißant.

Un matin, cependant que dans la triſte rue
Les maisons, dont la brume allongeait la hauteur,
Simulaient les deux quais d'une rivière accrue,
Et que, décor semblable à l'âme de l'acteur,

340

Un brouillard sale & jaune inondait tout l'espace,
Je suivais, roidissant mes nerfs comme un héros
Et discutant avec mon âme déjà lasse,
Le faubourg secoué par les lourds tombereaux.

Tout à coup, un vieillard dont les guenilles jaunes
Imitaient la couleur de ce ciel pluvieux,
Et dont l'aspect aurait fait pleuvoir les aumônes,
Sans la méchanceté qui luisait dans ses yeux,

M'apparut. On eût dit sa prunelle trempée
Dans le fiel; son regard aiguisait les frimas,
Et sa barbe à longs poils, roide comme une épée,
Se projetait, pareille à celle de Judas.

Il n'était pas voûté, mais cassé, son échine
Faisant avec sa jambe un parfait angle droit,
Si bien que son bâton, parachevant sa mine,
Lui donnait la tournure & le pas maladroit

D'un quadrupède infirme ou d'un juif à trois pattes.
Dans la neige & la boue il allait s'empêtrant,
Comme s'il écrasait des morts sous ses savates,
Hostile à l'univers plutôt qu'indifférent.

Son pareil le suivait : barbe, œil, dos, bâton, loques,
Nul trait ne distinguait, du même enfer venu,
Ce jumeau centenaire, & ces spectres baroques
Marchaient du même pas vers un but inconnu.

A quel complot infâme étais-je donc en butte,
Ou quel méchant hasard ainsi m'humiliait !
Car je comptai sept fois, de minute en minute,
Ce sinistre vieillard qui se multipliait !

Que celui-là qui rit de mon inquiétude,
Et qui n'est pas saisi d'un frisson fraternel,
Songe bien que malgré tant de décrépitude
Ces sept monstres hideux avaient l'air éternel !

Aurais-je, sans mourir, contemplé le huitième,
Sosie inexorable, ironique & fatal,
Dégoûtant Phénix, fils & père de lui-même?
— Mais je tournai le dos au cortège infernal.

Exaspéré comme un ivrogne qui voit double,
Je rentrai, je fermai ma porte, épouvanté,
Malade & morfondu, l'esprit fiévreux & trouble,
Blessé par le mystère & par l'absurdité!

Vainement ma raison voulait prendre la barre;
La tempête en jouant déroutait ses efforts,
Et mon âme dansait, dansait, vieille gabarre
Sans mâts, sur une mer monstrueuse & sans bords!

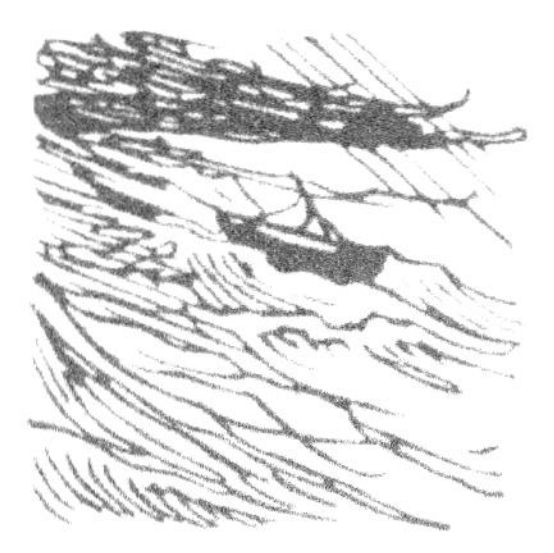

CXV

LES PETITES VIEILLES.

A VICTOR HUGO.

I

Dans les plis sinueux des vieilles capitales,
Où tout, même l'horreur, tourne aux enchantements,
Je guette, obéißant à mes humeurs fatales,
Des êtres singuliers, décrépits & charmants.

344

Ces monstres disloqués furent jadis des femmes,
Éponine ou Laïs! — Monstres brisés, bossus
Ou tordus, aimons-les! ce sont encor des âmes.
Sous des jupons troués & sous de froids tissus

Ils rampent, flagellés par les bises iniques,
Frémissant au fracas roulant des omnibus,
Et serrant sur leur flanc, ainsi que des reliques,
Un petit sac brodé de fleurs ou de rébus;

Ils trottent, tout pareils à des marionnettes;
Se traînent, comme font les animaux blessés,
Ou dansent, sans vouloir danser, pauvres sonnettes
Où se pend un Démon sans pitié! Tout cassés

Qu'ils sont, ils ont des yeux perçants comme une vrille,
Luisants comme ces trous où l'eau dort dans la nuit;
Ils ont les yeux divins de la petite fille
Qui s'étonne & qui rit à tout ce qui reluit.

— Avez-vous observé que maints cercueils de vieilles
Sont presque aussi petits que celui d'un enfant?
La Mort savante met dans ces bières pareilles
Un symbole d'un goût bizarre & captivant,

Et lorsque j'entrevois un fantôme débile
Traversant de Paris le fourmillant tableau,
Il me semble toujours que cet être fragile
S'en va tout doucement vers un nouveau berceau;

A moins que, méditant sur la géométrie,
Je ne cherche, à l'aspect de ces membres discords,
Combien de fois il faut que l'ouvrier varie
La forme de la boîte où l'on met tous ces corps.

— Ces yeux sont des puits faits d'un million de larmes,
Des creusets qu'un métal refroidi pailleta...
Ces yeux mystérieux ont d'invincibles charmes
Pour celui que l'austère Infortune allaita!

De l'ancien Frascati Vestale enamourée;
Prêtresse de Thalie, hélas! dont le souffleur
Défunt, seul, sait le nom; célèbre évaporée
Que Tivoli jadis ombragea dans sa fleur.

Toutes m'enivrent! mais parmi ces êtres frêles
Il en est qui, faisant de la douleur un miel,
Ont dit au Dévouement qui leur prêtait ses ailes :
« Hippogriffe puissant, mène-moi jusqu'au ciel! »

L'une, par sa patrie au malheur exercée,
L'autre, que son époux surchargea de douleurs,
L'autre, par son enfant Madone transpercée,
Toutes auraient pu faire un fleuve avec leurs pleurs!

Ah! que j'en ai suivi, de ces petites vieilles!
Une, entre autres, à l'heure où le soleil tombant
Ensanglante le ciel de blessures vermeilles,
Pensive, s'asseyait à l'écart sur un banc,

Pour entendre un de ces concerts, riches de cuivre,
Dont les soldats parfois inondent nos jardins,
Et qui, dans ces soirs d'or où l'on se sent revivre,
Versent quelque héroïsme au cœur des citadins.

Celle-là droite encor, fière & sentant la règle,
Humait avidement ce chant vif & guerrier;
Son œil parfois s'ouvrait comme l'œil d'un vieil aigle;
Son front de marbre avait l'air fait pour le laurier!

IV

Telles vous cheminez, stoïques & sans plaintes,
A travers le chaos des vivantes cités,
Mères au cœur saignant, courtisanes ou saintes,
Dont autrefois les noms par tous étaient cités.

Vous qui fûtes la grâce ou qui fûtes la gloire,
Nul ne vous reconnaît! un ivrogne incivil
Vous insulte en paßant d'un amour dérisoire;
Sur vos talons gambade un enfant lâche & vil.

Honteuses d'exister, ombres ratatinées,
Peureuses, le dos bas, vous côtoyez les murs;
Et nul ne vous salue, étranges destinées!
Débris d'humanité pour l'éternité mûrs!

Mais moi, moi qui de loin tendrement vous surveille,
L'œil inquiet, fixé sur vos pas incertains,
Tout comme si j'étais votre père, ô merveille !
Je goûte à votre insu des plaisirs clandestins :

Je vois s'épanouir vos passions novices ;
Sombres ou lumineux, je vis vos jours perdus ;
Mon cœur multiplié jouit de tous vos vices !
Mon âme resplendit de toutes vos vertus !

Ruines ! ma famille ! ô cerveaux congénères !
Je vous fais chaque soir un solennel adieu !
Où serez-vous demain, Èves octogénaires,
Sur qui pèse la griffe effroyable de Dieu ?

CXVI

LES AVEUGLES.

Contemple-les, mon âme; ils sont vraiment affreux!
Pareils aux mannequins; vaguement ridicules;
Terribles, singuliers comme les somnambules;
Dardant on ne sait où leurs globes ténébreux.

Leurs yeux, d'où la divine étincelle est partie,
Comme s'ils regardaient au loin, restent levés,
Au ciel; on ne les voit jamais vers les pavés
Pencher rêveusement leur tête appesantie.

Ils traversent ainsi le noir illimité,
Ce frère du silence éternel. O cité!
Pendant qu'autour de nous tu chantes, ris & beugles,

Éprise du plaisir jusqu'à l'atrocité,
Vois, je me traîne aussi! mais, plus qu'eux hébété,
Je dis : Que cherchent-ils au Ciel, tous ces aveugles?

CXVII

À UNE PASSANTE.

La rue aßourdißante autour de moi hurlait.
Longue, mince, en grand deuil, douleur majeſtueuse,
Une femme paßa, d'une main faſtueuse
Soulevant, balançant le feſton & l'ourlet;

Agile & noble, avec sa jambe de ſtatue.
Moi, je buvais, criſpé comme un extravagant,
Dans son œil, ciel livide où germe l'ouragan,
La douceur qui fascine & le plaisir qui tue.

355

Un éclair… puis la nuit! — Fugitive beauté
Dont le regard m'a fait soudainement renaître,
Ne te verrai-je plus que dans l'éternité?

Ailleurs, bien loin d'ici! trop tard! jamais peut-être
Car j'ignore où tu fuis, tu ne sais où je vais,
O toi que j'eusse aimée, ô toi qui le savais!

CXVIII

LE SQUELETTE LABOUREUR.

I

Dans les planches d'anatomie
Qui traînent sur ces quais poudreux
Où maint livre cadavéreux
Dort comme une antique momie,

Deſſins auxquels la gravité
Et le savoir d'un vieil artiſte,
Bien que le sujet en soit triſte,
Ont communiqué la Beauté,

357

On voit, ce qui rend plus complètes
Ces mystérieuses horreurs,
Bêchant comme des laboureurs,
Des Écorchés & des Squelettes.

II

De ce terrain que vous fouillez,
Manants résignés & funèbres,
De tout l'effort de vos vertèbres,
Ou de vos muscles dépouillés,

Dites, quelle moißon étrange,
Forçats arrachés au charnier,
Tirez-vous, & de quel fermier
Avez-vous à remplir la grange?

Voulez-vous (d'un destin trop dur
Épouvantable & clair emblème!)
Montrer que dans la foße même
Le sommeil promis n'est pas sûr;

Qu'envers nous le Néant est traître ;
Que tout, même la Mort, nous ment,
Et que sempiternellement,
Hélas ! il nous faudra peut-être

Dans quelque pays inconnu
Écorcher la terre revêche
Et pousser une lourde bêche
Sous notre pied sanglant & nu ?

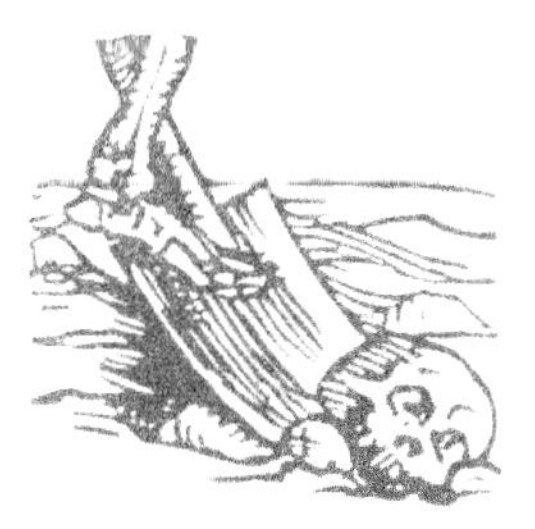

CXIX

LE CRÉPUSCULE DU SOIR.

Voici le soir charmant, ami du criminel;
Il vient comme un complice, à pas de loup; le ciel
Se ferme lentement comme une grande alcôve,
Et l'homme impatient se change en bête fauve.

O soir, aimable soir, désiré par celui
Dont les bras, sans mentir, peuvent dire : Aujourd'hui
Nous avons travaillé! — C'est le soir qui soulage
Les esprits que dévore une douleur sauvage,

Le savant obstiné dont le front s'alourdit,
Et l'ouvrier courbé qui regagne son lit.

Cependant des démons malsains dans l'atmosphère
S'éveillent lourdement, comme des gens d'affaire,
Et cognent en volant les volets & l'auvent.
A travers les lueurs que tourmente le vent
La Prostitution s'allume dans les rues;
Comme une fourmilière elle ouvre ses issues;
Partout elle se fraye un occulte chemin,
Ainsi que l'ennemi qui tente un coup de main;
Elle remue au sein de la cité de fange
Comme un ver qui dérobe à l'Homme ce qu'il mange.
On entend çà & là les cuisines siffler,
Les théâtres glapir, les orchestres ronfler;
Les tables d'hôte, dont le jeu fait les délices,
S'emplissent de catins & d'escrocs, leurs complices,
Et les voleurs, qui n'ont ni trève ni merci,
Vont bientôt commencer leur travail, eux aussi,
Et forcer doucement les portes & les caisses
Pour vivre quelques jours & vêtir leurs maîtresses.

Recueille-toi, mon âme, en ce grave moment,
Et ferme ton oreille à ce rugißement.
C'eſt l'heure où les douleurs des malades s'aigrißent!
La sombre Nuit les prend à la gorge; ils finißent
Leur deſtinée & vont vers le gouffre commun;
L'hôpital se remplit de leurs soupirs. — Plus d'un
Ne viendra plus chercher la soupe parfumée,
Au coin du feu, le soir, auprès d'une âme aimée.

Encore la plupart n'ont-ils jamais connu
La douceur du foyer & n'ont jamais vécu!

CXX

LE JEU.

Dans des fauteuils fanés des courtisanes vieilles,
Pâles, le sourcil peint, l'œil câlin & fatal,
Minaudant, & faisant de leurs maigres oreilles
Tomber un cliquetis de pierre & de métal;

Autour des verts tapis des visages sans lèvre,
Des lèvres sans couleur, des mâchoires sans dent,
Et des doigts convulsés d'une infernale fièvre,
Fouillant la poche vide ou le sein palpitant;

Sous de sales plafonds un rang de pâles lustres
Et d'énormes quinquets projetant leurs lueurs
Sur des fronts ténébreux de poëtes illustres
Qui viennent gaspiller leurs sanglantes sueurs;

Voilà le noir tableau qu'en un rêve nocturne
Je vis se dérouler sous mon œil clairvoyant.
Moi-même, dans un coin de l'antre taciturne,
Je me vis accoudé, froid, muet, enviant,

Enviant de ces gens la passion tenace,
De ces vieilles putains la funèbre gaîté,
Et tous gaillardement trafiquant à ma face,
L'un de son vieil honneur, l'autre de sa beauté!

Et mon cœur s'effraya d'envier maint pauvre homme
Courant avec ferveur à l'abîme béant,
Et qui, soûl de son sang, préférerait en somme
La douleur à la mort & l'enfer au néant !

CXXI

DANSE MACABRE.

À ERNEST CHRISTOPHE

Fière, autant qu'un vivant, de sa noble stature,
Avec son gros bouquet, son mouchoir & ses gants,
Elle a la nonchalance & la désinvolture
D'une coquette maigre aux airs extravagants.

Vit-on jamais au bal une taille plus mince?
Sa robe exagérée, en sa royale ampleur,
S'écroule abondamment sur un pied sec que pince
Un soulier pomponné, joli comme une fleur.

368

La ruche qui se joue au bord des clavicules,
Comme un ruißeau lascif qui se frotte au rocher,
Défend pudiquement des lazzi ridicules
Les funèbres appas qu'elle tient à cacher.

Ses yeux profonds sont faits de vide & de ténèbres,
Et son crâne, de fleurs artistement coiffé,
Oscille mollement sur ses frêles vertebres.
— O charme d'un néant follement attifé !

Aucuns t'appelleront une caricature,
Qui ne comprennent pas, amants ivres de chair,
L'élégance sans nom de l'humaine armature.
Tu réponds, grand squelette, à mon goût le plus cher !

Viens-tu troubler, avec ta puißante grimace,
La féte de la Vie ? ou quelque vieux désir,
Éperonnant encor ta vivante carcaße,
Te pouße-t-il, crédule, au sabbat du Plaisir ?

Au chant des violons, aux flammes des bougies,
Espères-tu chasser ton cauchemar moqueur,
Et viens-tu demander au torrent des orgies
De rafraîchir l'enfer allumé dans ton cœur?

Inépuisable puits de sottise & de fautes!
De l'antique douleur éternel alambic!
A travers le treillis recourbé de tes côtes
Je vois, errant encor, l'insatiable aspic.

Pour dire vrai, je crains que ta coquetterie
Ne trouve pas un prix digne de ses efforts;
Qui, de ces cœurs mortels, entend la raillerie?
Les charmes de l'horreur n'enivrent que les forts!

Le gouffre de tes yeux, pleins d'horribles pensées,
Exhale le vertige, & les danseurs prudents
Ne contempleront pas sans d'amères nausées
Le sourire éternel de tes trente-deux dents.

Pourtant, qui n'a serré dans ses bras un squelette,
Et qui ne s'est nourri des choses du tombeau?
Qu'importe le parfum, l'habit ou la toilette?
Qui fait le dégoûté montre qu'il se croit beau.

Bayadère sans nez, irrésistible gouge,
Dis donc à ces danseurs qui font les offusqués :
« Fiers mignons, malgré l'art des poudres & du rouge,
Vous sentez tous la mort! O squelettes musqués,

Antinoüs flétris, dandys à face glabre,
Cadavres vernissés, lovelaces chenus,
Le branle universel de la danse macabre
Vous entraine en des lieux qui ne sont pas connus!

Des quais froids de la Seine aux bords brûlants du Gange,
Le troupeau mortel saute & se pâme, sans voir
Dans un trou du plafond la trompette de l'Ange
Sinistrement béante ainsi qu'un tromblon noir.

En tout climat, sous ton soleil, la Mort t'admire
En tes contorsions, risible Humanité,
Et souvent, comme toi, se parfumant de myrrhe
Mêle son ironie à ton insanité!»

L'AMOUR DU MENSONGE.

Quand je te vois passer, ô ma chère indolente,
Au chant des instruments qui se brise au plafond
Suspendant ton allure harmonieuse & lente,
Et promenant l'ennui de ton regard profond;

Quand je contemple, aux feux du gaz qui le colore,
Ton front pâle, embelli par un morbide attrait,
Où les torches du soir allument une aurore,
Et tes yeux attirants comme ceux d'un portrait,

Je me dis : Qu'elle est belle! & bizarrement fraîche!
Le souvenir massif, royale & lourde tour,
La couronne, & son cœur, meurtri comme une pêche,
Est mûr, comme son corps, pour le savant amour.

Es-tu le fruit d'automne aux saveurs souveraines?
Es-tu vase funèbre attendant quelques pleurs,
Parfum qui fait rêver aux oasis lointaines,
Oreiller caressant, ou corbeille de fleurs?

Je sais qu'il est des yeux, des plus mélancoliques,
Qui ne recèlent point de secrets précieux;
Beaux écrins sans joyaux, médaillons sans reliques,
Plus vides, plus profonds que vous-mêmes, ô Cieux!

Mais ne suffit-il pas que tu sois l'apparence,
Pour réjouir un cœur qui fuit la vérité?
Qu'importe ta bêtise ou ton indifférence?
Masque ou décor, salut! J'adore ta beauté.

CXXIII

JE N'AI PAS OUBLIÉ,

VOISINE DE LA VILLE.

Je n'ai pas oublié, voisine de la ville,
Notre blanche maison, petite mais tranquille;
Sa Pomone de plâtre & sa vieille Vénus
Dans un bosquet chétif cachant leurs membres nus,

Et le soleil, le soir, ruisselant & superbe,
Qui, derrière la vitre où se brisait sa gerbe,
Semblait, grand œil ouvert dans le ciel curieux,
Contempler nos dîners longs & silencieux,
Répandant largement ses beaux reflets de cierge
Sur la nappe frugale & les rideaux de serge.

CXXIV

LA SERVANTE AU GRAND CŒUR.

La servante au grand cœur dont vous étiez jalouse,
Et qui dort son sommeil sous une humble pelouse,
Nous devrions pourtant lui porter quelques fleurs.
Les morts, les pauvres morts, ont de grandes douleurs,
Et quand Octobre souffle, émondeur des vieux arbres,
Son vent mélancolique à l'entour de leurs marbres,
Certe, ils doivent trouver les vivants bien ingrats,
De dormir, comme ils font, chaudement dans leurs draps,

378

Tandis que, dévorés de noires songeries,
Sans compagnon de lit, sans bonnes causeries,
Vieux squelettes gelés travaillés par le ver,
Ils sentent s'égoutter les neiges de l'hiver
Et le siècle couler, sans qu'amis ni famille
Remplacent les lambeaux qui pendent à leur grille.

Lorsque la bûche siffle & chante, si le soir,
Calme, dans le fauteuil je la voyais s'aßeoir,
Si, par une nuit bleue & froide de décembre,
Je la trouvais tapie en un coin de ma chambre,
Grave, & venant du fond de son lit éternel
Couver l'enfant grandi de son œil maternel,
Que pourrais-je répondre à cette âme pieuse,
Voyant tomber des pleurs de sa paupière creuse?

CXXV

BRUMES ET PLUIES.

O *fins d'automne, hivers, printemps trempés de boue,*
Endormeuses saisons! je vous aime & vous loue
D'envelopper ainsi mon cœur & mon cerveau
D'un linceul vaporeux & d'un vague tombeau

Dans cette grande plaine où l'autan froid se joue,
Où par les longues nuits la girouette s'enroue,
Mon âme mieux qu'au temps du tiède renouveau
Ouvrira largement ses ailes de corbeau.

380

Rien n'est plus doux au cœur plein de choses funèbres,
Et sur qui dès longtemps descendent les frimas,
O blafardes saisons, reines de nos climats,

Que l'aspect permanent de vos pâles ténèbres,
— Si ce n'est, par un soir sans lune, deux à deux,
D'endormir la douleur sur un lit hasardeux.

CXXVI

RÊVE PARISIEN.

A CONSTANTIN GUYS.

I

De ce terrible paysage,
Que jamais œil mortel ne vit,
Ce matin encore l'image,
Vague & lointaine, me ravit.

382

Le sommeil est plein de miracles!
Par un caprice singulier,
J'avais banni de ces spectacles
Le végétal irrégulier,

Et, peintre fier de mon génie,
Je savourais dans mon tableau
L'enivrante monotonie
Du métal, du marbre & de l'eau.

Babel d'escaliers & d'arcades,
C'était un palais infini,
Plein de bassins & de cascades
Tombant dans l'or mat ou bruni;

Et des cataractes pesantes,
Comme des rideaux de cristal,
Se suspendaient, éblouissantes,
A des murailles de métal.

Non d'arbres, mais de colonnades,
Les étangs dormants s'entouraient,
Où de gigantesques naïades,
Comme des femmes, se miraient.

Des nappes d'eau s'épanchaient, bleues,
Entre des quais roses & verts,
Pendant des millions de lieues,
Vers les confins de l'univers;

C'étaient des pierres inouïes
Et des flots magiques; c'étaient
D'immenses glaces éblouies
Par tout ce qu'elles reflétaient!

Insouciants & taciturnes,
Des Ganges, dans le firmament,
Versaient le trésor de leurs urnes
Dans des gouffres de diamant.

384

Architecte de mes féeries,
Je faisais, à ma volonté,
Sous un tunnel de pierreries
Paſſer un océan dompté ;

Et tout, même la couleur noire,
Semblait fourbi, clair, irisé ;
Le liquide enchâſſait sa gloire
Dans le rayon criſtallisé.

Nul aſtre d'ailleurs, nuls veſtiges
De soleil, même au bas du ciel,
Pour illuminer ces prodiges,
Qui brillaient d'un feu personnel !

Et sur ces mouvantes merveilles
Planait (terrible nouveauté !
Tout pour l'œil, rien pour les oreilles !)
Un silence d'éternité.

En rouvrant mes yeux pleins de flamme
J'ai vu l'horreur de mon taudis,
Et senti, rentrant dans mon âme,
La pointe des soucis maudits;

La pendule aux accents funèbres
Sonnait brutalement midi,
Et le ciel versait des ténèbres
Sur ce triste monde engourdi.

LE CRÉPUSCULE DU MATIN.

La diane chantait dans les cours des casernes,
Et le vent du matin soufflait sur les lanternes.

C'était l'heure où l'essaim des rêves malfaisants
Tord sur leurs oreillers les bruns adolescents;

Où, comme un œil sanglant qui palpite et qui bouge,
La lampe sur le jour fait une tache rouge;
Où l'âme, sous le poids du corps revêche & lourd,
Imite les combats de la lampe & du jour.
Comme un visage en pleurs que les brises eſſuient,
L'air est plein du friſſon des choses qui s'enfuient,
Et l'homme est las d'écrire & la femme d'aimer.

Les maisons çà & là commençaient à fumer.
Les femmes de plaisir, la paupière livide,
Bouche ouverte, dormaient de leur sommeil ſtupide;
Les pauvreſſes, traînant leurs seins maigres & froids,
Soufflaient sur leurs tisons & soufflaient sur leurs doigts.
C'était l'heure où parmi le froid & la lésine
S'aggravent les douleurs des femmes en gésine;
Comme un sanglot coupé par un sang écumeux
Le chant du coq au loin déchirait l'air brumeux;
Une mer de brouillards baignait les édifices,
Et les agoniſants dans le fond des hoſpices
Pouſſaient leur dernier râle en hoquets inégaux.
Les débauchés rentraient, brisés par leurs travaux.

L'aurore grelottante en robe rose & verte
S'avançait lentement sur la Seine déserte,
Et le sombre Paris, en se frottant les yeux,
Empoignait ses outils, vieillard laborieux.

LE

VIN

L'ÂME DU VIN.

Un soir, l'âme du vin chantait dans les bouteilles :
« Homme, vers toi je pouße, ô cher déshérité,
Sous ma prison de verre & mes cires vermeilles,
Un chant plein de lumière & de fraternité !

Je sais combien il faut, sur la colline en flamme,
De peine, de sueur & de soleil cuisant
Pour engendrer ma vie & pour me donner l'âme;
Mais je ne serai point ingrat ni malfaisant,

Car j'éprouve une joie immense quand je tombe
Dans le gosier d'un homme usé par ses travaux,
Et sa chaude poitrine est une douce tombe
Où je me plais bien mieux que dans mes froids caveaux.

Entends-tu retentir les refrains des dimanches
Et l'espoir qui gazouille en mon sein palpitant?
Les coudes sur la table & retroussant tes manches,
Tu me glorifieras & tu seras content;

J'allumerai les yeux de ta femme ravie;
A ton fils je rendrai sa force & ses couleurs
Et serai pour ce frêle athlète de la vie
L'huile qui raffermit les muscles des lutteurs.

En toi je tomberai, végétale ambroisie,
Grain précieux jeté par l'éternel Semeur,
Pour que de notre amour naiſse la poésie
Qui jaillira vers Dieu comme une rare fleur!

CXXIX

LE VIN DES CHIFFONNIERS.

Souvent, à la clarté rouge d'un réverbère
Dont le vent bat la flamme & tourmente le verre,
Au cœur d'un vieux faubourg, labyrinthe fangeux
Où l'humanité grouille en ferments orageux,

On voit un chiffonnier qui vient, hochant la tête,
Buttant, & se cognant aux murs comme un poète,
Et, sans prendre souci des mouchards, ses sujets,
Épanche tout son cœur en glorieux projets.

398

Il prête des serments, dicte des lois sublimes,
Terraße les méchants, relève les victimes,
Et sous le firmament comme un dais suspendu
S'enivre des splendeurs de sa propre vertu.

Oui, ces gens harcelés de chagrins de ménage,
Moulus par le travail & tourmentés par l'âge,
Éreintés & pliant sous un tas de debris,
Vomißement confus de l'énorme Paris.

Reviennent, parfumés d'une odeur de futailles,
Suivis de compagnons, blanchis dans les batailles,
Dont la moustache pend comme les vieux drapeaux.
— Les bannières, les fleurs & les arcs triomphaux

Se dreßent devant eux, solennelle magie!
Et dans l'étourdißante & lumineuse orgie
Des clairons, du soleil, des cris & du tambour,
Ils apportent la gloire au peuple ivre d'amour!

C'est ainsi qu'à travers l'Humanité frivole
Le vin roule de l'or, éblouißant Pactole;
Par le gosier de l'homme il chante ses exploits
Et règne par ses dons ainsi que les vrais rois.

Pour noyer la rancœur & bercer l'indolence
De tous ces vieux maudits qui meurent en silence,
Dieu, touché de remords, avait fait le sommeil;
L'homme ajouta le Vin, fils sacré du Soleil!

CXXX

LE VIN DE L'ASSASSIN.

Ma femme est morte, je suis libre!
Je puis donc boire tout mon soul.
Lorsque je rentrais sans un sou,
Ses cris me déchiraient la fibre.

Autant qu'un roi je suis heureux;
L'air est pur, le ciel admirable...
Nous avions un été semblable
Lorsque je devins amoureux!

L'horrible soif qui me déchire
Aurait besoin pour s'assouvir
D'autant de vin qu'en peut tenir
Son tombeau; — ce n'est pas peu dire :

Je l'ai jetée au fond d'un puits,
Et j'ai même poussé sur elle
Tous les pavés de la margelle.
— Je l'oublierai si je le puis !

Au nom des serments de tendresse,
Dont rien ne peut nous délier,
Et pour nous réconcilier
Comme au beau temps de notre ivresse,

J'implorai d'elle un rendez-vous,
Le soir, sur une route obscure.
Elle y vint ! — folle créature !
Nous sommes tous plus ou moins fous !

Elle était encore jolie
Quoique bien fatiguée! & moi,
Je l'aimai trop! voilà pourquoi
Je lui dis : Sors de cette vie!

Nul ne peut me comprendre. Un seul
Parmi ces ivrognes stupides
Songea-t-il dans ses nuits morbides
A faire du vin un linceul?

Cette crapule invulnérable
Comme les machines de fer
Jamais, ni l'été ni l'hiver,
N'a connu l'amour véritable,

Avec ses noirs enchantements,
Son cortège infernal d'alarmes,
Ses fioles de poison, ses larmes,
Ses bruits de chaîne & d'ossements!

— Me voilà libre & solitaire!
Je serai ce soir ivre mort;
Alors, sans peur & sans remord,
Je me coucherai sur la terre,

Et je dormirai comme un chien!
Le chariot aux lourdes roues
Chargé de pierres & de boues,
Le wagon enrayé peut bien

Écraser ma tête coupable
Ou me couper par le milieu,
Je m'en moque comme de Dieu,
Du Diable ou de la Sainte Table!

LE VIN DU SOLITAIRE.

Le regard singulier d'une femme galante
Qui se glisse vers nous comme le rayon blanc
Que la lune onduleuse envoie au lac tremblant,
Quand elle y veut baigner sa beauté nonchalante;

Le dernier sac d'écus dans les doigts d'un joueur;
Un baiser libertin de la maigre Adeline;
Les sons d'une musique énervante & câline,
Semblable au cri lointain de l'humaine douleur,

Tout cela ne vaut pas, ô bouteille profonde,
Les baumes pénétrants que ta panse féconde
Garde au cœur altéré du poëte pieux ;

Tu lui verses l'espoir, la jeuneſſe & la vie,
— Et l'orgueil, ce trésor de toute gueuserie,
Qui nous rend triomphants & semblables aux Dieux.

CXXXII

LE VIN DES AMANTS.

Aujourd'hui l'espace est splendide!
Sans mors, sans éperons, sans bride
Partons à cheval sur le vin
Pour un ciel féerique & divin!

Comme deux anges que torture
Une implacable calenture,
Dans le bleu cristal du matin
Suivons le mirage lointain!

409

Mollement balancés sur l'aile
Du tourbillon intelligent,
Dans un délire parallèle,

Ma sœur, côte à côte nageant,
Nous fuirons sans repos ni trèves
Vers le paradis de mes rêves!

FLEURS

DU

MAL

CXXXIII

ÉPIGRAPHE
POUR UN LIVRE CONDAMNÉ.

Lecteur paisible & bucolique,
Sobre & naïf homme de bien,
Jette ce livre saturnien,
Orgiaque & mélancolique.

Si tu n'as fait ta rhétorique
Chez Satan, le rusé doyen,
Jette! tu n'y comprendrais rien,
Ou tu me croirais hystérique.

413

Mais si, sans se laiſſer charmer,
Ton œil sait plonger dans les gouffres,
Lis-moi, pour apprendre à m'aimer;

Ame curieuse qui souffres
Et vas cherchant ton paradis,
Plains-moi!... Sinon, je te maudis!

CXXXIV

LA DESTRUCTION.

Sans cesse à mes côtés s'agite le Démon;
Il nage autour de moi comme un air impalpable;
Je l'avale & le sens qui brûle mon poumon
Et l'emplit d'un désir éternel & coupable.

Parfois il prend, sachant mon grand amour de l'Art,
La forme de la plus séduisante des femmes,
Et, sous de spécieux prétextes de cafard,
Accoutume ma lèvre à des philtres infâmes.

417

Il me conduit ainsi, loin du regard de Dieu,
Haletant & brisé de fatigue, au milieu
Des plaines de l'Ennui, profondes & désertes,

Et jette dans mes yeux pleins de confusion
Des vêtements souillés, des bleßures ouvertes,
Et l'appareil sanglant de la Deſtruction !

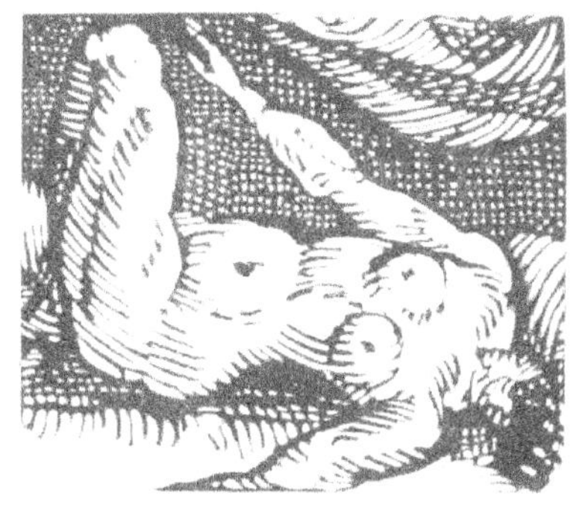

UNE MARTYRE.

DESSIN D'UN MAÎTRE INCONNU.

Au milieu des flacons, des étoffes lamées
      Et des meubles voluptueux,
Des marbres, des tableaux, des robes parfumées
      Qui traînent à plis somptueux,

Dans une chambre tiède où, comme en une serre,
      L'air est dangereux & fatal,
Où des bouquets mourants dans leurs cercueils de verre
      Exhalent leur soupir final,

Un cadavre sans tête épanche, comme un fleuve,
Sur l'oreiller désaltéré
Un sang rouge & vivant, dont la toile s'abreuve
Avec l'avidité d'un pré.

Semblable aux visions pâles qu'enfante l'ombre
Et qui nous enchaînent les yeux,
La tête, avec l'amas de sa crinière sombre
Et de ses bijoux précieux,

Sur la table de nuit, comme une renoncule,
Repose; &, vide de pensers,
Un regard vague & blanc comme le crépuscule
S'échappe des yeux révulsés.

Sur le lit, le tronc nu sans scrupules étale
Dans le plus complet abandon
La secrète splendeur & la beauté fatale
Dont la nature lui fit don;

Un bas rosâtre, orné de coins d'or, à la jambe,
          Comme un souvenir est resté;
La jarretière, ainsi qu'un œil secret qui flambe,
          Darde un regard diamanté.

Le singulier aspect de cette solitude
          Et d'un grand portrait langoureux,
Aux yeux provocateurs comme son attitude,
          Révèle un amour ténébreux,

Une coupable joie & des fêtes étranges
          Pleines de baisers infernaux,
Dont se réjouißait l'eßaim de mauvais anges
          Nageant dans les plis des rideaux;

Et cependant, à voir la maigreur élégante
          De l'épaule au contour heurté,
La hanche un peu pointue & la taille fringante
          Ainsi qu'un reptile irrité,

Elle est bien jeune encor! — Son âme exaspérée
Et ses sens par l'ennui mordus
S'étaient-ils entr'ouverts à la meute altérée
Des désirs errants & perdus?

L'homme vindicatif que tu n'as pu, vivante,
Malgré tant d'amour, aßouvir,
Combla-t-il sur ta chair inerte & complaisante
L'immensité de son désir?

Réponds, cadavre impur! & par tes treßes roides
Te soulevant d'un bras fiévreux,
Dis-moi, tête effrayante, a-t-il sur tes dents froides
Collé les suprêmes adieux?

— Loin du monde railleur, loin de la foule impure,
Loin des magistrats curieux,
Dors en paix, dors en paix, étrange créature,
Dans ton tombeau mystérieux;

Ton époux court le monde, & ta forme immortelle
    Veille près de lui quand il dort;
Autant que toi sans doute il te sera fidèle,
    Et constant jusques à la mort.

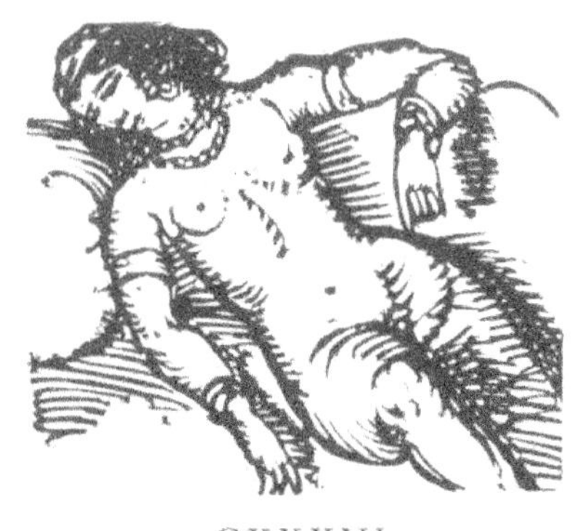

LES BIJOUX.

La très-chère était nue, &, connaißant mon cœur,
Elle n'avait gardé que ses bijoux sonores,
Dont le riche attirail lui donnait l'air vainqueur
Qu'ont dans leurs jours heureux les esclaves des Maures.

Quand il jette en dansant son bruit vif & moqueur,
Ce monde rayonnant de métal & de pierre
Me ravit en extase, & j'aime avec fureur
Les choses où le son se mêle à la lumière.

Elle était donc couchée, & se laißait aimer,
Et du haut du divan elle souriait d'aise
A mon amour profond & doux comme la mer
Qui vers elle montait comme vers sa falaise.

Les yeux fixés sur moi, comme un tigre dompté,
D'un air vague & rêveur elle eßayait des poses,
Et la candeur unie à la lubricité
Donnait un charme neuf à ses métamorphoses.

Et son bras & sa jambe, & sa cuiße & ses reins,
Polis comme de l'huile, onduleux comme un cygne,
Paßaient devant mes yeux clairvoyants & sereins;
Et son ventre & ses seins, ces grappes de ma vigne,

S'avançaient plus câlins que les anges du mal,
Pour troubler le repos où mon âme était mise,
Et pour la déranger du rocher de cristal,
Où calme & solitaire elle s'était aßise.

Je croyais voir unis par un nouveau deſſin
Les hanches de l'Antiope au buſte d'un imberbe,
Tant sa taille faiſait reſſortir son baſſin.
Sur ce teint fauve & brun le fard était superbe !

— Et la lampe s'étant résignée à mourir,
Comme le foyer seul illuminait la chambre,
Chaque fois qu'il pouſſait un flamboyant soupir,
Il inondait de sang cette peau couleur d'ambre !

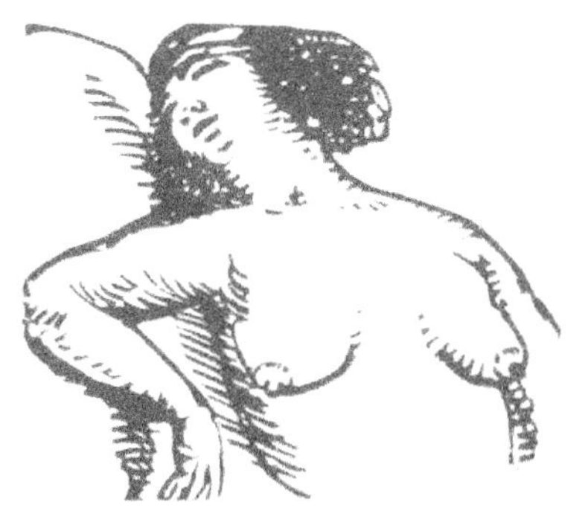

CXXXVII

LE LÉTHÉ.

Viens sur mon cœur, âme cruelle & sourde,
Tigre adoré, monstre aux airs indolents;
Je veux longtemps plonger mes doigts tremblants
Dans l'épaißeur de ta crinière lourde;

431

Dans tes jupons remplis de ton parfum
Ensevelir ma tête endolorie,
Et respirer, comme une fleur flétrie,
Le doux relent de mon amour défunt.

Je veux dormir! dormir plutôt que vivre!
Dans un sommeil, douteux comme la mort,
J'étalerai mes baisers sans remord
Sur ton beau corps poli comme le cuivre.

Pour engloutir mes sanglots apaisés
Rien ne me vaut l'abîme de ta couche;
L'oubli puißant habite sur ta bouche,
Et le Léthé coule dans tes baisers.

A mon deftin, désormais mon délice,
J'obéirai comme un prédeftiné,
Martyr docile, innocent condamné,
Dont la ferveur attise le supplice,

Je sucerai, pour noyer ma rancœur,
Le népenthès & la bonne ciguë
Aux bouts charmants de cette gorge aiguë
Qui n'a jamais emprisonné de cœur.

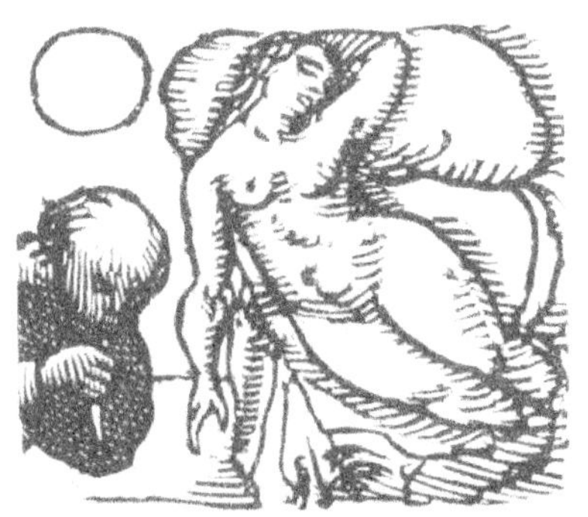

CXXXVIII

À CELLE QUI EST TROP GAIE.

Ta tête, ton geſte, ton air
Sont beaux comme un beau paysage;
Le rire joue en ton visage
Comme un vent frais dans un ciel clair.

Le paſſant chagrin que tu frôles
Eſt ébloui par la santé
Qui jaillit comme une clarté
De tes bras & de tes épaules.

434

Les retentißantes couleurs
Dont tu parsèmes tes toilettes
Jettent dans l'esprit des poëtes
L'image d'un ballet de fleurs.

Ces robes folles sont l'emblème
De ton esprit bariolé;
Folle dont je suis affolé,
Je te hais autant que je t'aime!

Quelquefois dans un beau jardin,
Où je traînais mon atonie,
J'ai senti comme une ironie
Le soleil déchirer mon sein;

Et le printemps & la verdure
Ont tant humilié mon cœur
Que j'ai puni sur une fleur
L'insolence de la nature.

Ainsi, je voudrais, une nuit,
Quand l'heure des voluptés sonne,
Vers les trésors de ta personne
Comme un lâche ramper sans bruit,

Pour châtier ta chair joyeuse,
Pour meurtrir ton sein pardonné,
Et faire à ton flanc étonné
Une blessure large & creuse,

Et, vertigineuse douceur !
A travers ces lèvres nouvelles,
Plus éclatantes & plus belles,
T'infuser mon venin, ma sœur !

CXXXIX

LESBOS.

Mere des jeux latins & des voluptés grecques,
Lesbos, où les baisers languißants ou joyeux,
Chauds comme les soleils, frais comme les pastèques,
Font l'ornement des nuits & des jours glorieux,
— Mere des jeux latins & des voluptés grecques,

439

Lesbos, où les baisers sont comme les cascades
Qui se jettent sans peur dans des gouffres sans fonds
Et courent, sanglotant & gloußant par saccades,
— Orageux & secrets, fourmillants & profonds;
Lesbos, où les baisers sont comme les cascades!

Lesbos où les Phrynés l'une l'autre s'attirent,
Où jamais un soupir ne resta sans écho,
A l'égal de Paphos les étoiles t'admirent,
Et Vénus à bon droit peut jalouser Sapho!
— Lesbos où les Phrynés l'une l'autre s'attirent,

Lesbos, terre des nuits chaudes & langoureuses,
Qui font qu'à leurs miroirs, stérile volupté,
Les filles aux yeux creux, de leurs corps amoureuses,
Careßent les fruits mûrs de leur nubilité,
Lesbos, terre des nuits chaudes & langoureuses,

Laiße du vieux Platon se froncer l'œil auſtere ;
Tu tires ton pardon de l'excès des baisers,
Reine du doux empire, aimable & noble terre.
Et des raffinements toujours inépuisés.
Laiße du vieux Platon se froncer l'œil auſtere.

Tu tires ton pardon de l'éternel martyre
Infligé sans relâche aux cœurs ambitieux
Qu'attire loin de nous le radieux sourire
Entrevu vaguement au bord des autres cieux ;
Tu tires ton pardon de l'éternel martyre !

Qui des Dieux osera, Lesbos, être ton juge.
Et condamner ton front pâli dans les travaux,
Si ses balances d'or n'ont pesé le déluge
De larmes qu'à la mer ont versé tes ruißeaux ?
Qui des Dieux osera, Lesbos, être ton juge ?

Que nous veulent les lois du juste & de l'injuste?
Vierges au cœur sublime, honneur de l'archipel,
Votre religion comme une autre est auguste,
Et l'amour se rira de l'enfer & du ciel!
— Que nous veulent les lois du juste & de l'injuste?

Car Lesbos entre tous m'a choisi sur la terre
Pour chanter le secret de ses vierges en fleur,
Et je fus dès l'enfance admis au noir mystère
Des rires effrénés mêlés au sombre pleur;
Car Lesbos entre tous m'a choisi sur la terre,

Et depuis lors je veille au sommet de Leucate,
Comme une sentinelle, à l'œil perçant & sûr,
Qui guette nuit & jour brick, tartane ou frégate,
Dont les formes au loin frissonnent dans l'azur,
— Et depuis lors je veille au sommet de Leucate

Pour savoir si la mer est indulgente & bonne,
Et parmi les sanglots dont le roc retentit
Un soir ramènera vers Lesbos qui pardonne
Le cadavre adoré de Sapho qui partit
Pour savoir si la mer est indulgente & bonne!

De la mâle Sapho, l'amante & le poëte,
Plus belle que Vénus par ses mornes pâleurs!
— L'œil d'azur est vaincu par l'œil noir que tachète
Le cercle ténébreux tracé par les douleurs
De la mâle Sapho, l'amante & le poëte!

— Plus belle que Vénus se dreßant sur le monde
Et versant les trésors de sa sérénité
Et le rayonnement de sa jeuneße blonde
Sur le vieil Océan de sa fille enchanté;
Plus belle que Vénus se dreßant sur le monde!

— De Sapho qui mourut le jour de son blasphème,
Quand, insultant le rite & le culte inventé,
Elle fit son beau corps la pâture suprême
D'un brutal dont l'orgueil punit l'impiété
De Sapho qui mourut le jour de son blasphème.

Et c'est depuis ce temps que Lesbos se lamente,
Et, malgré les honneurs que lui rend l'univers,
S'enivre chaque nuit du cri de la tourmente
Que poußent vers les cieux ses rivages déserts.
Et c'est depuis ce temps que Lesbos se lamente!

CXL

DELPHINE ET HIPPOLYTE.

A la pâle clarté des lampes languißantes,
Sur de profonds coußins tout imprégnés d'odeur
Hippolyte rèvait aux careßes puißantes
Qui levaient le rideau de sa jeune candeur.

447

Elle cherchait d'un œil troublé par la tempête
De sa naïveté le ciel déjà lointain,
Ainsi qu'un voyageur qui retourne la tête
Vers les horizons bleus dépaßés le matin.

De ses yeux amortis les pareßeuses larmes,
L'air brisé, la stupeur, la morne volupté,
Ses bras vaincus, jetés comme de vaines armes,
Tout servait, tout parait sa fragile beauté.

Etendue à ses pieds, calme & pleine de joie,
Delphine la couvait avec des yeux ardents,
Comme un animal fort qui surveille une proie,
Après l'avoir d'abord marquée avec les dents.

Beauté forte à genoux devant la beauté frêle,
Superbe, elle humait voluptueusement
Le vin de son triomphe, & s'allongeait vers elle
Comme pour recueillir un doux remercîment.

Elle cherchait dans l'œil de sa pâle victime
Le cantique muet que chante le plaisir
Et cette gratitude infinie & sublime
Qui sort de la paupière ainsi qu'un long soupir :

— «Hippolyte, cher cœur, que dis-tu de ces choses?
Comprends-tu maintenant qu'il ne faut pas offrir
L'holocauste sacré de tes premières roses
Aux souffles violents qui pourraient les flétrir?

Mes baisers sont légers comme ces éphémères
Qui careßent le soir les grands lacs transparents,
Et ceux de ton amant creuseront leurs ornières
Comme des chariots ou des socs déchirants;

Ils paßeront sur toi comme un lourd attelage
De chevaux & de bœufs aux sabots sans pitié...
Hippolyte, ô ma sœur! tourne donc ton visage,
Toi, mon âme & mon cœur, mon tout & ma moitié,

Tourne vers moi tes yeux pleins d'azur & d'étoiles !
Pour un de ces regards charmants, baume divin,
Des plaisirs plus obscurs je lèverai les voiles,
Et je t'endormirai dans un rêve sans fin ! »

Mais Hippolyte alors, levant sa jeune tête :
— « Je ne suis point ingrate & ne me repens pas,
Ma Delphine, je souffre & je suis inquiète,
Comme après un nocturne & terrible repas.

Je sens fondre sur moi de lourdes épouvantes
Et de noirs bataillons de fantômes épars,
Qui veulent me conduire en des routes mouvantes
Qu'un horizon sanglant ferme de toutes parts.

Avons-nous donc commis une action étrange ?
Explique, si tu peux, mon trouble & mon effroi :
Je frissonne de peur quand tu me dis : mon ange !
Et cependant je sens ma bouche aller vers toi.

Ne me regarde pas ainsi, toi, ma pensée,
Toi que j'aime à jamais, ma sœur d'élection,
Quand même tu serais une embûche dressée,
Et le commencement de ma perdition ! »

Delphine secouant sa crinière tragique,
Et comme trépignant sur le trépied de fer,
L'œil fatal, répondit d'une voix despotique :
— « Qui donc devant l'amour ose parler d'enfer ?

Maudit soit à jamais le rêveur inutile
Qui voulut le premier dans sa stupidité,
S'éprenant d'un problème insoluble & stérile,
Aux choses de l'amour mêler l'honnêteté !

Celui qui veut unir dans un accord mystique
L'ombre avec la chaleur, la nuit avec le jour,
Ne chauffera jamais son corps paralytique
A ce rouge soleil que l'on nomme l'amour !

Va, si tu veux, chercher un fiancé stupide ;
Cours offrir un cœur vierge à ses cruels baisers ;
Et, pleine de remords & d'horreur, & livide,
Tu me rapporteras tes seins stigmatisés ;

On ne peut ici bas contenter qu'un seul maître !»
Mais l'enfant, épanchant une immense douleur,
Cria soudain : — «Je sens s'élargir dans mon être
Un abîme béant ; cet abîme est mon cœur,

Brûlant comme un volcan, profond comme le vide ;
Rien ne rassasiera ce monstre gémissant
Et ne rafraîchira la soif de l'Euménide,
Qui, la torche à la main, le brûle jusqu'au sang.

Que nos rideaux fermés nous séparent du monde,
Et que la lassitude amène le repos !
Je veux m'anéantir dans ta gorge profonde,
Et trouver sur ton sein la fraîcheur des tombeaux.»

Descendez, descendez, lamentables victimes,
Descendez le chemin de l'enfer éternel;
Plongez au plus profond du gouffre où tous les crimes,
Flagellés par un vent qui ne vient pas du ciel,

Bouillonnent pêle-mêle avec un bruit d'orage;
Ombres folles, courez au but de vos désirs;
Jamais vous ne pourrez assouvir votre rage,
Et votre châtiment naîtra de vos plaisirs.

Jamais un rayon frais n'éclaira vos cavernes;
Par les fentes des murs des miasmes fiévreux
Filent en s'enflammant ainsi que des lanternes
Et pénètrent vos corps de leurs parfums affreux.

L'âpre stérilité de votre jouißance
Altère votre soif & roidit votre peau,
Et le vent furibond de la concupiscence
Fait claquer votre chair ainsi qu'un vieux drapeau.

Loin des peuples vivants, errantes, condamnées,
A travers les déserts courez comme les loups;
Faites votre destin, âmes désordonnées,
Et fuyez l'infini que vous portez en vous!

CXLI

FEMMES DAMNÉES.

Comme un bétail pensif sur le sable couchées,
Elles tournent leurs yeux vers l'horizon des mers,
Et leurs pieds se cherchant & leurs mains rapprochées
Ont de douces langueurs & des frissons amers.

Les unes, cœurs épris des longues confidences,
Dans le fond des bosquets où jasent les ruißeaux,
Vont épelant l'amour des craintives enfances
Et creusent le bois vert des jeunes arbrißeaux;

457

D'autres, comme des sœurs, marchent lentes & graves
A travers les rochers pleins d'apparitions,
Où saint Antoine a vu surgir comme des laves
Les seins nus & pourprés de ses tentations ;

Il en est, aux lueurs des résines croulantes,
Qui dans le creux muet des vieux antres païens
T'appellent au secours de leurs fièvres hurlantes,
O Bacchus, endormeur des remords anciens !

Et d'autres, dont la gorge aime les scapulaires
Qui, recélant un fouet sous leurs longs vêtements,
Mêlent, dans le bois sombre & les nuits solitaires,
L'écume du plaisir aux larmes des tourments.

O vierges, ô démons, ô monstres, ô martyres,
De la réalité grands esprits contempteurs,
Chercheuses d'infini, dévotes & satyres,
Tantôt pleines de cris, tantôt pleines de pleurs,

Vous que dans votre enfer mon âme a poursuivies,
Pauvres sœurs, je vous aime autant que je vous plains,
Pour vos mornes douleurs, vos soifs inassouvies,
Et les urnes d'amour dont vos grands cœurs sont pleins!

CXLII

LES MÉTAMORPHOSES DU VAMPIRE.

La femme cependant de sa bouche de fraise,
En se tordant ainsi qu'un serpent sur la braise,
Et pétrißant ses seins sur le fer de son busc,
Laißait couler ces mots tout imprégnés de musc :

— « Moi, j'ai la lèvre humide, & je sais la science
De perdre au fond d'un lit l'antique conscience.
Je sèche tous les pleurs sur mes seins triomphants
Et fais rire les vieux du rire des enfants.
Je remplace, pour qui me voit nue & sans voiles,
La lune, le soleil, le ciel & les étoiles !
Je suis, mon cher savant, si docte aux voluptés,
Lorsque j'étouffe un homme en mes bras veloutés,
Ou lorsque j'abandonne aux morsures mon buste,
Timide & libertine, & fragile & robuste,
Que sur ces matelas qui se pâment d'émoi
Les Anges impuißants se damneraient pour moi ! »

Quand elle eut de mes os sucé toute la moelle,
Et que languißamment je me tournai vers elle
Pour lui rendre un baiser d'amour, je ne vis plus
Qu'une outre aux flancs gluants, toute pleine de pus !
Je fermai les deux yeux dans ma froide épouvante,
Et, quand je les rouvris à la clarté vivante,
A mes côtés, au lieu du mannequin puißant
Qui semblait avoir fait provision de sang,

Tremblaient confusément des débris de squelette,
Qui d'eux-mêmes rendaient le cri d'une girouette
Ou d'une enseigne, au bout d'une tringle de fer,
Que balance le vent pendant les nuits d'hiver.

CXLIII

LES DEUX BONNES SŒURS.

La Débauche & la Mort sont deux aimables filles,
Prodigues de baisers & riches de santé,
Dont le flanc toujours vierge & drapé de guenilles
Sous l'éternel labeur n'a jamais enfanté.

Au poëte sinistre, ennemi des familles,
Favori de l'enfer, courtisan mal renté,
Tombeaux & lupanars montrent sous leurs charmilles
Un lit que le remords n'a jamais fréquenté.

466

Et la bière & l'alcôve en blasphèmes fécondes
Nous offrent tour à tour, comme deux bonnes sœurs,
De terribles plaisirs & d'affreuses douceurs.

Quand veux-tu m'enterrer, Débauche aux bras immondes?
O Mort, quand viendras-tu, sa rivale en attraits,
Sur ses myrtes infects enter tes noirs cyprès?

CXLIV

LA FONTAINE DE SANG.

Il me semble parfois que mon sang coule à flots,
Ainsi qu'une fontaine aux rhythmiques sanglots.
Je l'entends bien qui coule avec un long murmure,
Mais je me tâte en vain pour trouver la bleßure.

A travers la cité, comme dans un champ clos,
Il s'en va, transformant les pavés en îlots,
Désaltérant la soif de chaque créature,
Et partout colorant en rouge la nature.

468

J'ai demandé souvent à des vins captieux
D'endormir pour un jour la terreur qui me mine ;
Le vin rend l'œil plus clair & l'oreille plus fine !

J'ai cherché dans l'amour un sommeil oublieux ;
Mais l'amour n'est pour moi qu'un matelas d'aiguilles
Fait pour donner à boire à ces cruelles filles !

CXLV

ALLÉGORIE.

C'eſt une femme belle & de riche encolure,
Qui laiſſe dans son vin traîner sa chevelure.
Les griffes de l'amour, les poisons du tripot,
Tout gliſſe & tout s'émouſſe au granit de sa peau.
Elle rit à la Mort & nargue la Débauche,
Ces monſtres dont la main, qui toujours gratte & fauche,
Dans ses jeux deſtructeurs a pourtant reſpecté
De ce corps ferme & droit la rude majeſté.

470

Elle marche en déesse & repose en sultane;
Elle a dans le plaisir la foi mahométane,
Et dans ses bras ouverts, que remplissent ses seins,
Elle appelle des yeux la race des humains.
Elle croit, elle sait, cette vierge inféconde
Et pourtant nécessaire à la marche du monde,
Que la beauté du corps est un sublime don
Qui de toute infamie arrache le pardon.
Elle ignore l'Enfer comme le Purgatoire,
Et quand l'heure viendra d'entrer dans la Nuit noire,
Elle regardera la face de la Mort,
Ainsi qu'un nouveau-né, — sans haine & sans remord.

CXLVI

LA BÉATRICE.

Dans des terrains cendreux, calcinés, sans verdure,
Comme je me plaignais un jour à la nature,
Et que de ma pensée, en vaguant au hasard,
J'aiguisais lentement sur mon cœur le poignard,
Je vis en plein midi descendre sur ma tête
Un nuage funèbre & gros d'une tempête,

Qui portait un troupeau de démons vicieux,
Semblables à des nains cruels & curieux.
A me considérer froidement ils se mirent,
Et, comme des paßants sur un fou qu'ils admirent,
Je les entendis rire & chuchoter entre eux,
En échangeant maint signe & maint clignement d'yeux :

— « Contemplons à loisir cette caricature
Et cette ombre d'Hamlet imitant sa posture,
Le regard indécis & les cheveux au vent.
N'est-ce pas grand'pitié de voir ce bon vivant,
Ce gueux, cet histrion en vacances, ce drôle,
Parce qu'il sait jouer artistement son rôle,
Vouloir intéreßer au chant de ses douleurs
Les aigles, les grillons, les ruißeaux & les fleurs,
Et même à nous, auteurs de ces vieilles rubriques,
Réciter en hurlant ses tirades publiques ? »

J'aurais pu (mon orgueil außi haut que les monts
Domine la nuée & le cri des démons)

Détourner simplement ma tête souveraine,
Si je n'euße pas vn parmi leur troupe obscène,
Crime qui n'a pas fait chanceler le soleil!
La reine de mon cœur au regard nonpareil,
Qui riait avec eux de ma sombre détreße
Et leur versait parfois quelque sale careße.

CXLVII

UN VOYAGE A CYTHÈRE.

Mon cœur, comme un oiseau, voltigeait tout joyeux
Et planait librement à l'entour des cordages;
Le navire roulait sous un ciel sans nuages,
Comme un ange enivré du soleil radieux.

Quelle est cette île triste & noire? — C'est Cythère,
Nous dit-on, un pays fameux dans les chansons,
Eldorado banal de tous les vieux garçons.
Regardez, après tout, c'est une pauvre terre.

— Ile des doux secrets & des fêtes du cœur!
De l'antique Vénus le superbe fantôme
Au-dessus de tes mers plane comme un arome,
Et charge les esprits d'amour & de langueur.

Belle île aux myrtes verts, pleine de fleurs écloses,
Vénérée à jamais par toute nation,
Où les soupirs des cœurs en adoration
Roulent comme l'encens sur un jardin de roses

Ou le roucoulement éternel d'un ramier!
— Cythère n'était plus qu'un terrain des plus maigres,
Un désert rocailleux troublé par des cris aigres.
J'entrevoyais pourtant un objet singulier!

Ce n'était pas un temple aux ombres bocagères,
Où la jeune prêtresse, amoureuse des fleurs,
Allait, le corps brûlé de secrètes chaleurs,
Entre-bâillant sa robe aux brises passagères;

Mais voilà qu'en rasant la côte d'assez près
Pour troubler les oiseaux avec nos voiles blanches,
Nous vîmes que c'était un gibet à trois branches,
Du ciel se détachant en noir, comme un cyprès.

De féroces oiseaux perchés sur leur pâture
Détruisaient avec rage un pendu déjà mûr,
Chacun plantant, comme un outil, son bec impur
Dans tous les coins saignants de cette pourriture;

Les yeux étaient deux trous, & du ventre effondré
Les intestins pesants lui coulaient sur les cuisses,
Et ses bourreaux, gorgés de hideuses délices,
L'avaient à coups de bec absolument châtré.

Sous les pieds, un troupeau de jaloux quadrupèdes,
Le museau relevé, tournoyait & rôdait;
Une plus grande bête au milieu s'agitait
Comme un exécuteur entouré de ses aides.

Habitant de Cythère, enfant d'un ciel si beau,
Silencieusement tu souffrais ces insultes
En expiation de tes infâmes cultes
Et des péchés qui t'ont interdit le tombeau.

Ridicule pendu, tes douleurs sont les miennes !
Je sentis, à l'aspect de tes membres flottants,
Comme un vomißement, remonter vers mes dents
Le long fleuve de fiel des douleurs anciennes ;

Devant toi, pauvre diable au souvenir si cher,
J'ai senti tous les becs & toutes les mâchoires
Des corbeaux lancinants & des panthères noires
Qui jadis aimaient tant à triturer ma chair.

— Le ciel était charmant, la mer était unie ;
Pour moi tout était noir & sanglant désormais,
Hélas ! & j'avais, comme en un suaire épais,
Le cœur enseveli dans cette allégorie.

Dans ton île, ô Vénus! je n'ai trouvé debout
Qu'un gibet symbolique où pendait mon image...
— Ah! Seigneur! donnez-moi la force & le courage
De contempler mon cœur & mon corps sans dégoût!

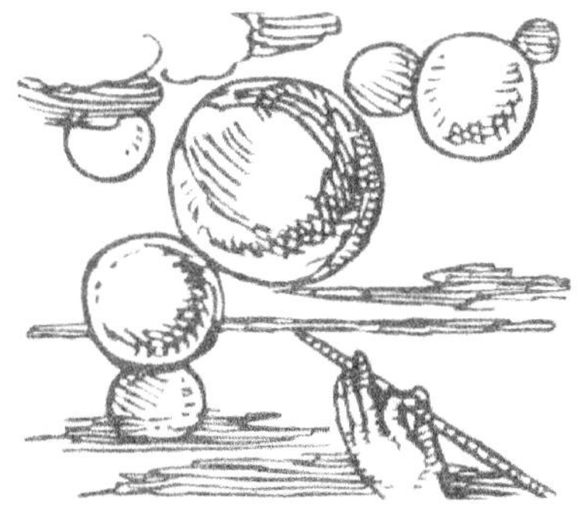

CXLVIII

L'AMOUR ET LE CRÂNE.

VIEUX CUL-DE-LAMPE.

L'Amour est assis sur le crâne
De l'humanité
Et sur ce trône le profane,
Au rire effronté,

Souffle gaîment des bulles rondes
Qui montent dans l'air
Comme pour rejoindre les mondes
Au fond de l'éther.

482

Le globe lumineux & frêle
        Prend un grand essor,
Crève & crache son âme grêle
        Comme un songe d'or.

J'entends le crâne à chaque bulle
        Prier & gémir :
« Ce jeu féroce & ridicule,
        Quand doit-il finir ?

Car ce que ta bouche cruelle
        Eparpille en l'air,
Monstre assassin, c'est ma cervelle
        Mon sang & ma chair ! »

RÉVOLTE

CXLIX

LE RENIEMENT DE SAINT PIERRE.

Qu'est-ce que Dieu fait donc de ce flot d'anathèmes
Qui monte tous les jours vers ses chers Séraphins?
Comme un tyran gorgé de viande & de vins,
Il s'endort au doux bruit de nos affreux blasphèmes.

Les sanglots des martyrs & des suppliciés
Sont une symphonie enivrante sans doute,
Puisque, malgré le sang que leur volupté coûte,
Les cieux ne s'en sont point encor raßasiés!

487

Ah! Jésus, souviens-toi du Jardin des Olives!
Dans ta simplicité tu priais à genoux
Celui qui dans son ciel riait au bruit des clous
Que d'ignobles bourreaux plantaient dans tes chairs vives,

Lorsque tu vis cracher sur ta divinité
La crapule du corps de garde & des cuisines,
Et lorsque tu sentis s'enfoncer les épines
Dans ton crâne où vivait l'immense Humanité;

Quand de ton corps brisé la pesanteur horrible
Allongeait tes deux bras distendus, que ton sang
Et ta sueur coulaient de ton front pâlißant,
Quand tu fus devant tous posé comme une cible,

Rêvais-tu de ces jours si brillants & si beaux
Où tu vins pour remplir l'éternelle promeße,
Où tu foulais, monté sur une douce âneße,
Des chemins tout jonchés de fleurs & de rameaux,

Où le cœur tout gonflé d'espoir & de vaillance,
Tu fouettais tous ces vils marchands à tour de bras,
Où tu fus maître enfin? Le remords n'a-t-il pas
Pénétré dans ton flanc plus avant que la lance?

— Certes, je sortirai, quant à moi, satisfait
D'un monde où l'action n'est pas la sœur du rêve;
Puißé-je user du glaive & périr par le glaive!
Saint Pierre a renié Jésus... il a bien fait!

CL

ABEL ET CAÏN.

I

Race d'Abel, dors, bois & mange;
Dieu te sourit complaisamment.

Race de Caïn, dans la fange
Rampe & meurs misérablement.

Race d'Abel, ton sacrifice
Flatte le nez du Séraphin!

Race de Caïn, ton supplice
Aura-t-il jamais une fin?

Race d'Abel, vois tes semailles
Et ton bétail venir à bien;

Race de Caïn, tes entrailles
Hurlent la faim comme un vieux chien.

Race d'Abel, chauffe ton ventre
A ton foyer patriarcal;

Race de Caïn, dans ton antre
Tremble de froid, pauvre chacal!

Race d'Abel, aime & pullule!
Ton or fait aussi des petits.

Race de Caïn, cœur qui brûle,
Prends garde à ces grands appétits.

Race d'Abel, tu crois & broutes
Comme les punaises des bois!

Race de Caïn, sur les routes
Traîne ta famille aux abois.

II

Ah! race d'Abel, ta charogne
Engraißera le sol fumant!

Race de Caïn, ta besogne
N'eſt pas faite suffisamment;

Race d'Abel, voici ta honte :
Le fer est vaincu par l'épieu !

Race de Caïn, au ciel monte
Et sur la terre jette Dieu !

CLI

LES LITANIES DE SATAN.

O toi, le plus savant & le plus beau des Anges,
Dieu trahi par le sort & privé de louanges,

O Satan, prends pitié de ma longue misère!

O Prince de l'exil, à qui l'on a fait tort,
Et qui, vaincu, toujours te redreſſes plus fort,

O Satan, prends pitié de ma longue misère!

494

Toi qui sais tout, grand roi des choses souterraines,
Guérisseur familier des angoisses humaines,

O Satan, prends pitié de ma longue misère!

Toi qui, même aux lépreux, aux parias maudits,
Enseignes par l'amour le goût du Paradis,

O Satan, prends pitié de ma longue misère!

O toi qui de la Mort, ta vieille & forte amante,
Engendras l'Espérance, — une folle charmante!

O Satan, prends pitié de ma longue misère!

Toi qui fais au proscrit ce regard calme & haut,
Qui damne tout un peuple autour d'un échafaud,

O Satan, prends pitié de ma longue misère!

Toi qui sais en quels coins des terres envieuses
Le Dieu jaloux cacha les pierres précieuses,

O Satan, prends pitié de ma longue misère!

Toi dont l'œil clair connaît les profonds arsenaux
Où dort enseveli le peuple des métaux,

O Satan, prends pitié de ma longue misère!

Toi dont la large main cache les précipices
Au somnambule errant au bord des édifices,

O Satan, prends pitié de ma longue misère!

Toi qui, magiquement, assouplis les vieux os
De l'ivrogne attardé foulé par les chevaux,

O Satan, prends pitié de ma longue misère!

496

Toi qui, pour consoler l'homme frêle qui souffre,
Nous appris à mêler le salpêtre & le soufre,

O Satan, prends pitié de ma longue misère!

Toi qui poses ta marque, ô complice subtil,
Sur le front du Crésus impitoyable & vil,

O Satan, prends pitié de ma longue misère!

Toi qui mets dans les yeux & dans le cœur des filles
Le culte de la plaie & l'amour des guenilles,

O Satan, prends pitié de ma longue misère!

Bâton des exilés, lampe des inventeurs,
Confesseur des pendus & des conspirateurs,

O Satan, prends pitié de ma longue misère!

Père adoptif de ceux qu'en sa noire colère
Du paradis terrestre a chaßés Dieu le Père,

O Satan, prends pitié de ma longue misère!

PRIÈRE.

Gloire & louange à toi, Satan, dans les hauteurs
Du Ciel, où tu régnas, & dans les profondeurs
De l'Enfer, où, vaincu, tu rêves en silence!
Fais que mon âme un jour, sous l'Arbre de Science,
Près de toi se repose, à l'heure où sur ton front
Comme un Temple nouveau ses rameaux s'épandront!

LA
MORT

CLII

LA MORT DES AMANTS.

Nous aurons des lits pleins d'odeurs légères,
Des divans profonds comme des tombeaux,
Et d'étranges fleurs sur des étagères,
Écloses pour nous sous des cieux plus beaux.

Usant à l'envi leurs chaleurs dernières,
Nos deux cœurs seront deux vastes flambeaux,
Qui réfléchiront leurs doubles lumières
Dans nos deux esprits, ces miroirs jumeaux.

501

Un soir fait de rose & de bleu mystique,
Nous échangerons un éclair unique,
Comme un long sanglot, tout chargé d'adieux ;

Et plus tard un Ange, entr'ouvrant les portes,
Viendra ranimer, fidèle & joyeux,
Les miroirs ternis & les flammes mortes.

LA MORT DES PAUVRES.

C'est la Mort qui console, hélas! & qui fait vivre;
C'est le but de la vie, & c'est le seul espoir
Qui, comme un élixir, nous monte & nous enivre,
Et nous donne le cœur de marcher jusqu'au soir;

A travers la tempête, & la neige, & le givre,
C'est la clarté vibrante à notre horizon noir;
C'est l'auberge fameuse inscrite sur le livre,
Où l'on pourra manger, & dormir, & s'asseoir;

C'est un Ange qui tient dans ses doigts magnétiques
Le sommeil & le don des rêves extatiques,
Et qui refait le lit des gens pauvres & nus;

C'est la gloire des Dieux, c'est le grenier mystique,
C'est la bourse du pauvre & sa patrie antique,
C'est le portique ouvert sur les Cieux inconnus!

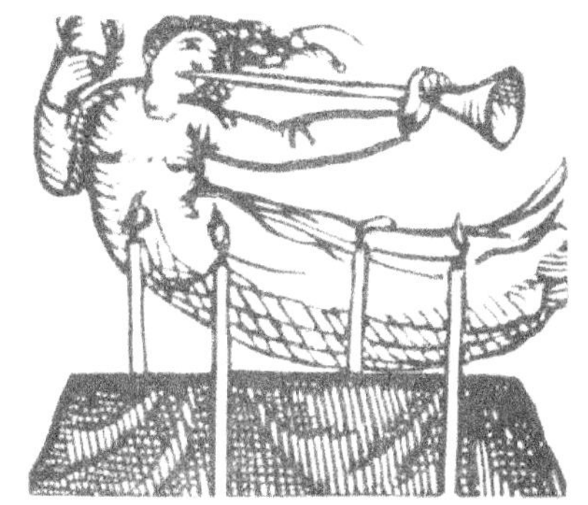

CLIV

LA MORT DES ARTISTES.

Combien faut-il de fois secouer mes grelots
Et baiser ton front bas, morne Caricature?
Pour piquer dans le but, de mystique nature,
Combien, ô mon carquois, perdre de javelots?

Nous userons notre âme en de subtils complots,
Et nous démolirons mainte lourde armature,
Avant de contempler la grande Créature
Dont l'infernal désir nous remplit de sanglots!

Il en est qui jamais n'ont connu leur Idole,
Et ces sculpteurs damnés & marqués d'un affront,
Qui vont te martelant la poitrine & le front,

N'ont qu'un espoir, étrange & sombre Capitole!
C'est que la Mort, planant comme un soleil nouveau,
Fera s'épanouir les fleurs de leur cerveau!

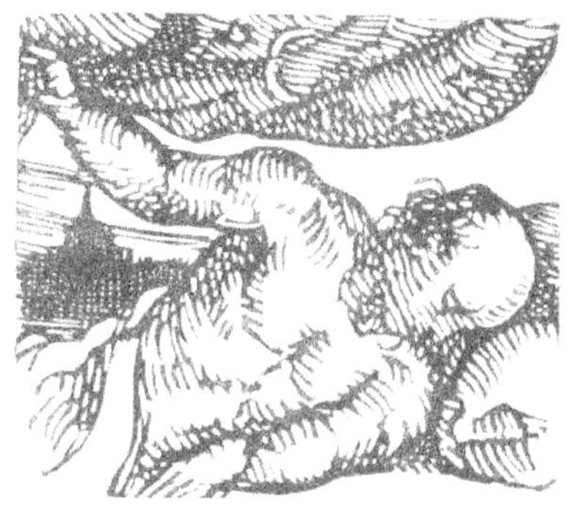

CLV

LA FIN DE LA JOURNÉE.

Sous une lumiere blafarde
Court, danse & se tord sans raison
La Vie, impudente & criarde.
Aussi, sitot qu'à l'horizon

La nuit voluptueuse monte,
Apaisant tout, même la faim,
Effaçant tout, même la honte,
Le Poëte se dit : «Enfin!

Mon esprit, comme mes vertèbres,
Invoque ardemment le repos;
Le cœur plein de songes funèbres,

Je vais me coucher sur le dos
Et me rouler dans vos rideaux,
O rafraîchissantes ténèbres!»

LE RÊVE D'UN CURIEUX.

À F. N.

Connais-tu, comme moi, la douleur savoureuse,
Et de toi fais-tu dire : «Oh! l'homme singulier!»
— J'allais mourir. C'était dans mon âme amoureuse,
Désir mêlé d'horreur, un mal particulier;

Angoisse & vif espoir, sans humeur factieuse.
Plus allait se vidant le fatal sablier,
Plus ma torture était âpre & délicieuse;
Tout mon cœur s'arrachait au monde familier.

J'étais comme l'enfant avide du spectacle,
Haïssant le rideau comme on hait un obstacle...
Enfin la vérité froide se révéla :

J'étais mort sans surprise, & la terrible aurore
M'enveloppait. — Eh quoi! n'est-ce donc que cela?
La toile était levée & j'attendais encore.

CLVII

LE VOYAGE.

I

Pour l'enfant, amoureux de cartes & d'estampes,
L'univers est égal à son vaste appétit.
Ah! que le monde est grand à la clarté des lampes!
Aux yeux du souvenir que le monde est petit!

Un matin nous partons, le cerveau plein de flamme,
Le cœur gros de rancune & de désirs amers,
Et nous allons, suivant le rhythme de la lame,
Berçant notre infini sur le fini des mers :

515

Les uns, joyeux de fuir une patrie infâme;
D'autres, l'horreur de leurs berceaux, & quelques-uns,
Astrologues noyés dans les yeux d'une femme,
La Circé tyrannique aux dangereux parfums.

Pour n'être pas changés en bêtes, ils s'enivrent
D'espace & de lumière & de cieux embrasés;
La glace qui les mord, les soleils qui les cuivrent,
Effacent lentement la marque des baisers.

Mais les vrais voyageurs sont ceux-là seuls qui partent
Pour partir; cœurs légers, semblables aux ballons,
De leur fatalité jamais ils ne s'écartent,
Et, sans savoir pourquoi, disent toujours : Allons!

Ceux-là dont les désirs ont la forme des nues
Et qui rêvent, ainsi qu'un conscrit le canon,
De vastes voluptés, changeantes, inconnues,
Et dont l'esprit humain n'a jamais su le nom!

II

Nous imitons, horreur! la toupie & la boule
Dans leur valse & leurs bonds; même dans nos sommeils
La Curiosité nous tourmente & nous roule,
Comme un Ange cruel qui fouette des soleils.

Singulière fortune où le but se déplace,
Et, n'étant nulle part, peut être n'importe où!
Où l'homme, dont jamais l'espérance n'est lasse,
Pour trouver le repos court toujours comme un fou!

Notre âme est un trois-mâts cherchant son Icarie;
Une voix retentit sur le pont : «Ouvre l'œil!»
Une voix de la hune, ardente & folle, crie :
«Amour... gloire... bonheur!» Enfer! c'est un écueil.

Chaque îlot signalé par l'homme de vigie
Est un Eldorado promis par le Destin;
L'Imagination qui dresse son orgie
Ne trouve qu'un récif aux clartés du matin.

O le pauvre amoureux des pays chimériques!
Faut-il le mettre aux fers, le jeter à la mer,
Ce matelot ivrogne, inventeur d'Amériques
Dont le mirage rend le gouffre plus amer?

Tel le vieux vagabond, piétinant dans la boue,
Rêve, le nez en l'air, de brillants paradis;
Son œil ensorcelé découvre une Capoue
Partout où la chandelle illumine un taudis.

III

Étonnants voyageurs! quelles nobles histoires
Nous lisons dans vos yeux profonds comme les mers!

Montrez-nous les écrins de vos riches mémoires,
Ces bijoux merveilleux, faits d'aſtres & d'éthers.

Nous voulons voyager sans vapeur & sans voile!
Faites, pour égayer l'ennui de nos prisons,
Paſſer sur nos eſprits, tendus comme une toile,
Vos souvenirs avec leurs cadres d'horizons.

Dites, qu'avez-vous vu?

IV

        « Nous avons vu des aſtres
Et des flots; nous avons vu des sables auſſi;
Et, malgré bien des chocs & d'imprévus désaſtres,
Nous nous sommes souvent ennuyés, comme ici.

La gloire du soleil sur la mer violette,
La gloire des cités dans le soleil couchant,
Allumaient dans nos cœurs une ardeur inquiète
De plonger dans un ciel au reflet alléchant.

519

Les plus riches cités, les plus grands paysages,
Jamais ne contenaient l'attrait mystérieux
De ceux que le hasard fait avec les nuages.
Et toujours le désir nous rendait soucieux!

— La jouißance ajoute au désir de la force.
Désir, vieil arbre à qui le plaisir sert d'engrais,
Cependant que großit & durcit ton écorce,
Tes branches veulent voir le soleil de plus près!

Grandiras-tu toujours, grand arbre plus vivace
Que le cyprès? — Pourtant nous avons, avec soin,
Cueilli quelques croquis pour votre album vorace,
Frères qui trouvez beau tout ce qui vient de loin!

Nous avons salué des idoles à trompe;
Des trônes constellés de joyaux lumineux;
Des palais ouvragés dont la féerique pompe
Serait pour vos banquiers un rêve ruineux;

Des costumes qui sont pour les yeux une ivreße;
Des femmes dont les dents & les ongles sont teints,
Et des jongleurs savants que le serpent careße. »

V

Et puis, & puis encore ?

VI

« O cerveaux enfantins !

Pour ne pas oublier la chose capitale,
Nous avons vu partout, & sans l'avoir cherché,
Du haut jusques en bas de l'échelle fatale,
Le spectacle ennuyeux de l'immortel péché :
La femme, esclave vile, orgueilleuse & stupide,
Sans rire s'adorant & s'aimant sans dégout ;
L'homme, tyran goulu, paillard, dur & cupide,
Esclave de l'esclave & ruißeau dans l'égout ;

Le bourreau qui jouit, le martyr qui sanglote;
La fête qu'aßaisonne & parfume le sang;
Le poison du pouvoir énervant le despote,
Et le peuple amoureux du fouet abrutißant;

Plusieurs religions semblables à la nôtre,
Toutes escaladant le ciel; la Sainteté,
Comme en un lit de plume un délicat se vautre,
Dans les clous & le crin cherchant la volupté;

L'Humanité bavarde, ivre de son génie,
Et, folle maintenant comme elle était jadis,
Criant à Dieu, dans sa furibonde agonie :
« O mon semblable, ô mon maître, je te maudis! »

Et les moins sots, hardis amants de la Démence,
Fuyant le grand troupeau parqué par le Destin,
Et se réfugiant dans l'opium immense!
— Tel est du globe entier l'éternel bulletin. »

Amer savoir, celui qu'on tire du voyage !
Le monde, monotone & petit, aujourd'hui,
Hier, demain, toujours, nous fait voir notre image :
Une oasis d'horreur dans un désert d'ennui !

Faut-il partir ? rester ? Si tu peux rester, reste ;
Pars, s'il le faut. L'un court, & l'autre se tapit
Pour tromper l'ennemi vigilant & funeste,
Le Temps ! Il est, hélas ! des coureurs sans répit,

Comme le Juif errant & comme les apôtres,
A qui rien ne suffit, ni wagon ni vaisseau,
Pour fuir ce rétiaire infâme ; il en est d'autres
Qui savent le tuer sans quitter leur berceau.

Lorsque enfin il mettra le pied sur notre échine,
Nous pourrons espérer & crier : En avant!
De même qu'autrefois nous partions pour la Chine,
Les yeux fixés au large & les cheveux au vent,

Nous nous embarquerons sur la mer des Ténèbres
Avec le cœur joyeux d'un jeune passager.
Entendez-vous ces voix, charmantes & funèbres,
Qui chantent : « Par ici! vous qui voulez manger

Le Lotus parfumé! c'est ici qu'on vendange
Les fruits miraculeux dont votre cœur a faim;
Venez vous enivrer de la douceur étrange
De cette après-midi qui n'a jamais de fin?»

A l'accent familier nous devinons le spectre;
Nos Pylades là-bas tendent leurs bras vers nous.
«Pour rafraîchir ton cœur nage vers ton Electre!»
Dit celle dont jadis nous baisions les genoux.

O Mort, vieux capitaine, il est temps! levons l'ancre!
Ce pays nous ennuie, ô Mort! Appareillons!
Si le ciel & la mer sont noirs comme de l'encre,
Nos cœurs que tu connais sont remplis de rayons!

Verse-nous ton poison pour qu'il nous réconforte!
Nous voulons, tant ce feu nous brûle le cerveau,
Plonger au fond du gouffre, Enfer ou Ciel, qu'importe?
Au fond de l'Inconnu pour trouver du nouveau!

TABLE
DES
MATIÈRES

TABLE DES MATIÈRES.

PREMIÈRE PARTIE.

Page

PRÉFACE. 1

SPLEEN ET IDÉAL.

I. . . . . Bénédiction. 7
II. . . . . L'Albatros. 15
III. . . . . Élévation. 17
IV. . . . . Correspondances. 19
V. . . . . J'aime le souvenir de ces époques nues. 21
VI. . . . . Les Phares. 24
VII. . . . . La Muse malade. 28
VIII. . . . . La Muse vénale. 30

Pages

IX . . . . . .   Le mauvais Moine   35

X . .   . . . .   L'Ennemi   37

XI . . . . . .   Le Guignon   39

XII . . . . .   La Vie antérieure   41

XIII . . . .   Bohémiens en voyage   43

XIV . . . .   L'Homme & la Mer   45

XV . . . . .   Don Juan aux enfers   47

XVI . . . .   A Théodore de Banville (1842)   51

XVII . . .   Châtiment de l'orgueil   53

XVIII .   La Beauté   55

XIX . . .   L'Idéal   57

XX . . . .   La Géante   59

XXI . . . .   Le Masque   61

XXII . . .   Hymne à la Beauté   64

XXIII . . .   Parfum exotique   69

XXIV . . .   La Chevelure   71

XXV . . . .   Je t'adore à l'égal de la voûte nocturne . . .   74

XXVI . . .   Tu mettrais l'Univers entier dans ta ruelle .   75

XXVII . .   Sed non satiata   77

XXVIII .   Avec ses vêtements ondoyants & nacrés . . .   79

XXIX . . .   Le Serpent qui danse   83

XXX . . .   Une Charogne   86

XXXI . . .   De profundis clamavi   90

XXXII . .   Le Vampire   92

XXXIII .   Une nuit que j'étais près d'une affreuse Juive .   95

XXXIV .   Remords posthume   99

XXXV . .   Le Chat   101

Pages

XXXVI . . Duellum. 103
XXXVII . . Le Balcon 105
XXXVIII . . Le Possédé 108
XXXIX . . Un fantôme 110
XL . . . . Je te donne ces vers afin que si mon nom. 117
XLI . . . . . . Semper eadem 119
XLII . . . . . Tout entière. 121
XLIII . . . . . Que diras-tu ce soir, pauvre âme solitaire. 124
XLIV . . . . Le Flambeau vivant 126
XLV . . . . . Réversibilité 128
XLVI . . . . Confession 133
XLVII . . . L'Aube spirituelle 137
XLVIII . . . Harmonie du soir 139
XLIX . . . . Le Flacon 141
L . . . . Le Poison. 144
LI . . . . . . Ciel brouillé. 149
LII . . . . . . Le Chat. 151
LIII . . . . . Le beau Navire 155
LIV . . . . . L'Invitation au voyage 159
LV . . . . . . L'Irréparable 165
LVI . . . . . . Causerie. 169
LVII . . . . Chant d'automne 171
LVIII . . . . A une Madone. 174
LIX . . . . . Chanson d'après midi 177
LX . . . . Sisina 183
LXI . . . . . . Vers pour le portrait d'Honoré Daumier. 185
LXII . . . . Franciscæ meæ laudes 187

533

LXIII. . . . . . . *A une dame créole* 190

LXIV. . . . . . . *Mœsta & errabunda* 192

LXV. . . . . . . *Le Revenant* 195

LXVI. . . . . *Sonnet d'automne* 199

LXVII. . . . *Tristesse de la lune* 201

LXVIII . . . . *Les Chats* 203

LXIX . . . . . *Les Hiboux* 205

LXX. . . . . . *La Pipe* 207

LXXI. . . . . *La Musique* 209

LXXII. . . . . *Sépulture d'un poëte maudit* 211

LXXIII . . . . *Une Gravure fantastique* 215

LXXIV . . . . *Le Mort joyeux* 217

LXXV . . . . . *Le Tonneau de la Haine* 219

LXXVI . . . . *La Cloche fêlée* 221

LXXVII. . . . *Spleen* 223

LXXVIII. . . *Spleen* 227

LXXIX . . . . *Spleen* 230

LXXX . . . . *Spleen* 232

LXXXI . . . . *Obseßion* 234

LXXXII. . . *Le Goût du Néant* 236

LXXXIII. . . *Alchimie de la Douleur* 238

LXXXIV. . . *Horreur sympathique* 240

LXXXV. . . *Le Calumet de paix, imité de Longfellow.* 242

LXXXVI. . . *La prière d'un païen* 251

LXXXVII. . *Le Couvercle* 253

LXXXVIII. *L'Imprévu* 255

LXXXIX. . . *L'Examen de minuit* 261

		Pages
XC	Madrigal triste	264
XCI	L'Avertisseur	268
XCII	A une Malabaraise	270
XCIII	La Voix	275
XCIV	Hymne	278
XCV	Le Rebelle	280
XCVI	Les Yeux de Berthe	282
XCVII	Le Jet d'eau	284
XCVIII	La Rançon	289
XCIX	Bien loin d'ici	291
C	Le Coucher du soleil romantique	293
CI	Sur « le Tasse en prison » d'Eugène Delacroix	295
CII	Le Gouffre	297
CIII	Les Plaintes d'un Icare	299
CIV	Recueillement	301
CV	L'Héautontimorouménos	305
CVI	L'Irrémédiable	308
CVII	L'Horloge	312

FIN DE LA PREMIÈRE PARTIE.

SECONDE PARTIE.

TABLEAUX PARISIENS.

CVIII	Paysage	317
CIX	Le Soleil	320

CX...... Lola de Valence................ 322
CXI..... La lune offensée............. 325
CXII.... A une mendiante rousse......... 327
CXIII... Le Cygne.................... 335
CXIV.... Les sept Vieillards........... 340
CXV..... Les petites Vieilles.......... 344
CXVI.... Les Aveugles................ 353
CXVII... A une Passante.............. 355
CXVIII... Le Squelette laboureur........ 357
CXIX.... Le Crépuscule du soir......... 360
CXX..... Le Jeu.................... 365
CXXI.... Danse macabre............. 368
CXXII... L'Amour du mensonge......... 373
CXXIII... Je n'ai pas oublié, voisine de la ville... 376
CXXIV... La Servante au grand cœur....... 378
CXXV... Brumes & Pluies............ 380
CXXVI... Rêve parisien.............. 382
CXXVII.. Le Crépuscule du matin........ 389

LE VIN.

CXXVIII. L'Ame du vin................ 395
CXXIX... Le Vin des chiffonniers........ 398
CXXX... Le Vin de l'assassin......... 403
CXXXI... Le Vin du solitaire.......... 407
CXXXII.. Le Vin des amants........... 409

CXXXIII...   Épigraphe pour un livre condamné ...   413
CXXXIV...   La Destruction ...   417
CXXXV....   Une Martyre ...   421
CXXXVI...   Les Bijoux ...   426
CXXXVII.   Le Lethé ...   431
CXXXVIII.   A celle qui est trop gaie ...   434
CXXXIX...   Lesbos ...   439
CXL......   Delphine & Hippolyte ...   447
CXLI......   Femmes damnées ...   457
CXLII.....   Les métamorphoses du vampire ...   463
CXLIII....   Les deux bonnes sœurs ...   466
CXLIV....   La fontaine de sang ...   468
CXLV   Allégorie.   470
CXLVI....   La Béatrice ...   472
CXLVII...   Un voyage à Cythère ...   477
CXLVIII...   L'Amour & le Crâne ...   482

RÉVOLTE.

CXLIX.....   Le Reniement de saint Pierre ...   487
CL.......   Abel & Caïn ...   490
CLI......   Les Litanies de Satan ...   494

LA MORT.

Pages

CLII . . . *La Mort des amants* 501

CLIII . . *La Mort des pauvres* 505

CLIV . . *La Mort des artistes* 507

CLV . . . *La Fin de la journée* 509

CLVI . . *Le Rêve d'un curieux* 511

CLVII . *Le Voyage* 515

TABLE
DES
GRAVURES

TABLE DES GRAVURES.

Planches   Pages

I....   Hommage à Baudelaire.

II....   Préface.... 13

III....   Spleen & Idéal 37

IV....   Bénédiction 49

V....   Bénédiction 67

VI....   J'aime le souvenir de ces époques nues.... 81

VII..   Le mauvais Moine 97

VIII.   Les Bohémiens en voyage.... 115

IX....   Châtiment de l'orgueil 131

X....   La Beauté 147

<table>
<tr><td>Planches</td><td></td><td>Pages</td></tr>
<tr><td>XI.....</td><td>La Géante..................</td><td>163</td></tr>
<tr><td>XII.....</td><td>Le Masque.................</td><td>181</td></tr>
<tr><td>XIII....</td><td>Tu mettrais l'Univers entier dans ta ruelle.</td><td>197</td></tr>
<tr><td>XIV.....</td><td>Une Charogne...............</td><td>213</td></tr>
<tr><td>XV.....</td><td>Harmonie du soir.............</td><td>225</td></tr>
<tr><td>XVI....</td><td>Le Poison.................</td><td>249</td></tr>
<tr><td>XVII...</td><td>A une Madone..............</td><td>259</td></tr>
<tr><td>XVIII...</td><td>Le Tonneau de la Haine........</td><td>273</td></tr>
<tr><td>XIX....</td><td>Le Revenant..............</td><td>287</td></tr>
<tr><td>XX.....</td><td>Le Rebelle...............</td><td>303</td></tr>
<tr><td>XXI....</td><td>Les Yeux de Berthe..........</td><td>323</td></tr>
<tr><td>XXII...</td><td>Le Jet d'eau.............</td><td>333</td></tr>
<tr><td>XXIII...</td><td>Recueillement............</td><td>351</td></tr>
<tr><td>XXIV...</td><td>L'Héautontimorouménos.........</td><td>363</td></tr>
<tr><td>XXV....</td><td>Le Soleil..............</td><td>387</td></tr>
<tr><td>XXVI...</td><td>Les Petites Vieilles..........</td><td>401</td></tr>
<tr><td>XXVII..</td><td>Le Jeu................</td><td>415</td></tr>
<tr><td>XXVIII.</td><td>Rêve parisien............</td><td>419</td></tr>
<tr><td>XXIX...</td><td>Une Martyre.............</td><td>429</td></tr>
<tr><td>XXX...</td><td>Femmes damnées............</td><td>435</td></tr>
<tr><td>XXXI...</td><td>Delphine & Hippolyte..........</td><td>445</td></tr>
</table>

Planches   Pages.

XXXII. . *Les Bijoux*. 455

XXXIII. . *Lesbos*. 461

XXXIV. *L'Amour & le Crâne*. 475

XXXV. . *L'Amour & le Crâne (variante)*. 503

XXXVI. *Le Reniement de saint Pierre*. 513

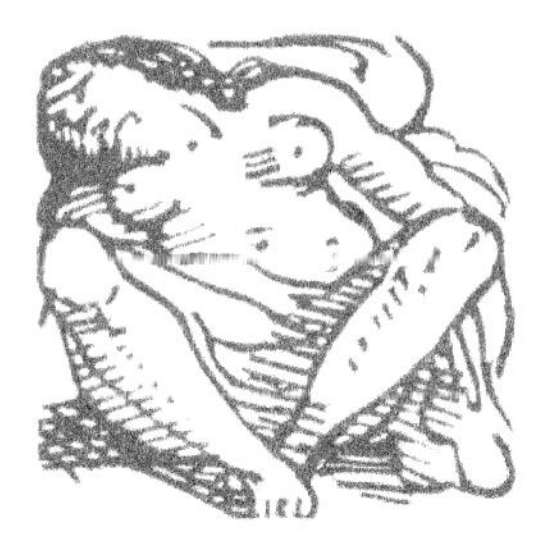

ACHEVÉ
D'IMPRIMER PAR
LES SOINS DE L'ILLUSTRATEUR
ET DE L'IMPRIMERIE
NATIONALE, LE
PREMIER MARS
DE L'ANNÉE
MCMXVI

CHARLES
BAUDELAIRE

LES
FLEURS
DU
MAL

ÉDITION
COMPLÈTE

SECONDE PARTIE

BOIS
DESSINÉS
ET GRAVÉS
PAR
ÉMILE
BERNARD

VOLLARD
ÉDITEUR
IMPRIMERIE
NATIONALE
1916

www.ingramcontent.com/pod-product-compliance
Lightning Source LLC
LaVergne TN
LVHW021110040526
837978LV00017B/3009